JN059503

松田修一・長谷川博和
編著

スタートアップ創出 10の提言

石井芳明
大木裕子
佐藤辰彦
尾崎弘之
宮地正人
野長瀬裕二
増田一之
鈴木勘一郎
著

中央経済社

はじめに　「スタートアップが社会を変える」

2022年を岸田政権は「スタートアップ創出元年」とし,「スタートアップ5か年計画」が作成され,今後スタートアップの支援を更に強化する方針を打ち出した。

超高齢化社会の到来による生産年齢人口の縮小,社会における格差と不公平感の拡大,パンデミックとの共存,不安定な国際関係の継続,待ったなしで迫りくる環境破壊など,さまざまな課題を解決するのはスタートアップだ。

時代のうねりが到来している今こそ,この機会を活かし,着実かつ継続的に,イノベーション創出の担い手たるスタートアップをしっかりと支援すること,新しい技術やサービスが社会実装され,人々の暮らしが豊かになる好循環を作り出すことが日本の将来にとって重要と考える。

大きな構造変化や経済危機が起こったときに,旧来の主流を占めてきた組織,企業では対応できず,新しい組織,企業が必ず生まれ,それらがその後の経済・社会を引っ張っていくのは歴史が証明している。産業革命,金融恐慌,オイルショック,リーマンショック,IT革命などである。新型コロナウイルス危機とウクライナ紛争,インフレと中国不動産に端を発する世界不況など,現在進行形の大きな構造変化や経済危機が起こっている中で,スタートアップに注目が集まるのは必然である。

これまで日本では何回もスタートアップ(ベンチャーやアントレプレナーと呼んできた)のブームがあった。ニクソンショックによる過剰流動性を引き金とし,研究開発型のハイテクベンチャー(キーエンス,日本電産(現ニデック)など)や外食ベンチャー(すかいらーくなど)が活躍した1970-73年の第一次ベンチャーブーム,二度の石油ショックを経て重厚長大産業から流通・サービス産業(ソフトバンクやエイチアイエス,CCCなど)へシフトした1982-86年の第二次ベンチャーブーム,バブルが崩壊して日本経済が長期不況に突入してベンチャー支援策，第二店頭市場の開設など市場改革が相次いで出されたことに起因してチャレンジしたベンチャー企業（楽天，光通信，GMO，サイバーエージェント，DeNAなど）の生まれた1995-2005年の第三次ベンチャーブーム，そして従来のベンチャーキャピタルだけでなく，官製ファンドやCVC（コーポレートベンチャーキャピタル）など公的機関・大企業からベンチャーへのリスクマネーが増大したこととIT，DX技術が進展したことにより多くの企業が生まれた2013年以降の第四次ベンチャーブーム（スタートアップ4.0）などである。

しかし，これまでのブームは所詮ブームであり，長続きするものではなかった。今回の第四次ベンチャーブーム（スタートアップ4.0）が長続きし，日本の活力を取り戻すきっかけにしないと日本の将来はない。

本書の執筆者陣は早稲田大学松田修一名誉教授のもとで学び博士号を取得したものたちである。大学・大学院でスタートアップ研究・教鞭をとるもの，企業でM&Aや投資を通じてスタートアップ支援を行うもの，政府でスタートアップ政策の根幹を作成しているもの，など多彩なメンバーである。我々は昨今の「スタートアップブーム」とも言える話題先行の流れに対し，しっかりと本質と問題点を議論すべきである，との問題意識のもとに立ち上がった。スタートアップのあり方を中長期的な観点からまとめたものが本書である。さまざまな課題を解決する主役はスタートアップであり，そのためには社会全体の価値観を変える必要がある。本書がそのような流れの一助となれば幸いである。

2023年４月

著者を代表して

長谷川博和

目　次

第5章 オープンイノベーション：スタートアップと大企業との共創

第6章 起業家教育：本気の産学官連携「起業家教育」の実施

第7章 東南アジアのスタートアップ：スタートアップ支援の未来像と日本への転用と進化

第8章 地域科学技術：地域イノベーション・適疎戦略推進に意欲ある企業家・自治体支援策の充実

第9章 Web3：テクノロジー，制度が成熟途上。柔軟な政策対応が必要

第1章

(松田修一)

日本のスタートアップ環境：スタートアップ創出元年への覚悟と改革への提言

課題：周回遅れの日本のスタートアップ環境

米国などの市場と日本の市場が基本的に違うという認識を持つ必要があると同時に，環境変化に対して制度を変えるダイナミックさに欠けている。

提言：スタートアップ支援制度の抜本的改革

抜本的改革のために、私募の拡充と店頭市場（OTCマーケット）の創設，未公開株式マーケットプレイス（MP）の解禁，株式投資型クラウドファンディング（CF）の抜本拡充，日本版ピンクシート・マーケットへの発展の4つを提言する。

日本が，2022年を起点に「スタートアップ創出元年」を打ち出し，総力をあげて周回遅れの日本を脱出しようとしている。「日本ベンチャー大賞」や「大学発ベンチャー表彰」の変遷から，ユニコーンを輩出する目標を取り上げ，これを達成するために米国やEU・韓国と比較しながら，未上場株式市場の変革と日本の現状を明らかにしたい。世界に伍する日本を取り戻すために，制度の抜本的改革を提言する。

1　スタートアップ創出元年への変化

(1)　過去のベンチャー支援との関係

疲弊しているベンチャー企業のロールモデルを提示する「日本ベンチャー大賞」や「大学発ベンチャー表彰」が始まったのは安倍晋三内閣の2014年からである。その後，2021年は日本のベンチャーへの投資が8,000億円を超えたが，未だ米国とは90倍の投資実績の差があり，ますます引き離されている。また，菅義偉内閣が，2020年に世界に向けて約束した2050年までのカーボンニュートラル社会の実現と，これを実行に移すための２兆円基金の実現が決まった。

３年間にわたるコロナ禍及びロシアによるウクライナ侵攻，為替レートの低下など多くの課題を抱えた中でスタートした岸田文雄内閣は，第２次内閣の2022年６月に，「新しい資本主義のグランドデザイン及び実行計画」（以下，「新たな資本主義計画」）の閣議決定をした。その内容は，**図表１−１**の通りである。

図表１－１　岸田内閣の「新たな資本主義計画の基本的テーマ」

ポイント	岸田内閣の新たな資本主義計画の具体的テーマ
人への投資	・成長分野に労働移動100万人支援 ・NISAの拡充 ・男女間賃金格差開示の公的義務づけ
科学技術	・量子，AI，バイオ，再生医療等の重点支援 ・首相に助言する科学技術顧問設置
スタートアップ	・産業革新投資機構の年限を2050年まで延長 ・創業融資の保証人不要に ・事業担保に資金調達しやすい制度新設 ・M&A目的の公募増資円滑化23年までにルール化
GX/DX	・GXに10年で150兆円超投資 ・GX経済移行債（仮称）発行，カーボンプライシング具体化 ・再生エネや原子力を最大限活用

これら４つのテーマの基本のうち，「人への投資」が根幹にあり，相互に関連性があるが，ここでは，岸田内閣の下で「スタートアップ創出元年」に焦点をあてることにする。

⑵　日本のベンチャーのロールモデル表彰制度の変化

「次世代のロールモデルとなるような起業家やベンチャー企業の表彰」という「日本ベンチャー大賞」は，内閣府で内閣総理大臣賞を総理大臣自ら表彰するが，2022年から文部科学省が加わり，「日本スタートアップ大賞」に変更になった。

またベンチャーには，大きくアイデア系ベンチャーとテック（技術）系ベンチャーに二分されるが，大学に期待されるのは「知財+ビジネスモデル」に裏打ちされ，世界を市場に活躍できるベンチャーである。「大学発ベンチャー表彰」では，医療・バイオ・医療機器ベンチャーが圧倒的に多くなっている。しかし，2020年からのコロナ禍対応のウイルス新薬はいまだ出ていない。

①　日本ベンチャー大賞が2022年から「日本スタートアップ大賞」へ

2014年10月から始まった日本ベンチャー大賞は，2020年からのコロナ禍により２年開催できなかったが，2022年から再開した。日本を代表し，将来の産業構造の転換を牽引する次世代ロールモデルを選定するために経済産業省がスタートしたものである。

次世代ロールモデルに相応しい会社を選ぶため，選考委員は日本経済団体連合会，経済同友会，日本ニュービジネス協議会連合会，新経済連盟，日本ベンチャーキャピタル協会，大学学長，ベンチャー起業家，女性起業家の他に海外キャピタリスト等から構成され，松田が委員長を務めた。

経済産業省は，2000年（当時通商産業省）の「創業・ベンチャー国民フォーラム」の発足以降，長期にわたりベンチャー調査を行っている。特に2018年から「エコヒイキしてもいいから世界に打ち出すベンチャー」を「J-Startup」の名称で専門家が選定し，全国，及び地方のリストを作成してきた。このような調査リストを基に，日本の団体を代表する方々によって，内閣総理大臣賞以下を決定してきた（**図表１-２**）。

さて，選定にあたり，2022年は，次のような３つの内容が変更になった。

①2014年以降日本ベンチャー大賞という名称を採用していたが，内閣の「スタートアップ創出元年」の年にするという意思を受けて，名称が，「日本ベンチャー大賞」から「日本スタートアップ大賞」に変わった。

②内閣総理大臣賞の受賞者が，数年内に倒産することがあってはならないという発想から2019年までは，IPOが完了しているか，それに準じる企業が選ばれた。しかし，ベンチャー表彰は，選定したリスクを国が負うという判断で，2022年は宇宙の軌道上のごみ除去に取り組む「アストロスケール ホールディングス」が選ばれた。

③当初は経済産業省主導で表彰が行われていた。2022年から文部科学大臣賞が加わり，小型衛星による観測データを活用したソリューション事業を行う「Synspective」が選ばれた。

図表1-2　日本ベンチャー大賞の変遷

受賞者	2015.1	2016.2	2017.2	2018.2	2019.5	2022.6
内閣総理大臣賞	ユーグレナ（医工・バイオ）	ペプチドリーム（医工・バイオ）	サイバーダイン（ロボティクス）	メルカリ（サービス/PF）	Preferred Networks（AI/制御）	アストロスケールH.（宇宙関連）
経済産業省：ベンチャー企業×企業	サイバーダイン（ロボ×大和）	ZMP（モビリティ×DNA, ソニー）	Preferred Networks（AI×ファナック）	ソラコム（IoTデバイス×KDDI）	ラクスル（サービス×ヤマト）	スマートニュース（情報産業）
経済産業省：ダイバーシティ	コイニー（サービス）	ジーンクエスト（医工・バイオ）	ナノエッグ（医工/バイオ）	ビザスク（サービス/PE）	READYFOR（サービス/PE）	五常・アンドC.（新興国サービス）
農林水産省	なし	なし	アーマリン近大（農水）	ルートレック・ネットワークス（環境）	ファームノートH.（農林水産）	ユーザーライク（花の定期便）
文部科学省	なし	なし	なし	なし	なし	Synspective（制御観測データ）

注：この他大賞特別賞2社あり

このように，「日本スタートアップ創出元年」の後に続くロールモデルは，国のリスクがある宇宙産業が選ばれた。

②　大学発ベンチャー表彰に対する変化

経験・知見の蓄積，人材育成等による持続的なイノベーションモデルを構築できる組織は，大学が主として担っている。

大学発ベンチャー1,000社計画を目指して産業競争力を強化し，経済活性化を図ったのが，2004年であった。3年間で目標は達成したが，2008年にリーマンショックもあり低迷していた。しかし，2017年度以降急成長し，2017年度2,093社，2018年度2,278社，2019年度2,566社，2020年度2,905社，2021年度3,306社（経済産業省調査）と急増している。

i）大学発ベンチャーの活性化に関する政策

大学発ベンチャーの急増は，文部科学省・科学技術振興機構（JST）を通した多くの政策の結果である。

2013年には大学の研究成果を，事業プロモーターを活用して社会実装をする「START事業」と，４大学（東大・京大・阪大・東北大）に「ベンチャー投資資金1,000億円の傾斜配分」がスタートした。

しかし，事業プロモーターが事業化のために経営チームを選定するにあたり，「０→１」の立ち上げ経験のある母集団の少ないことが直ちに露呈した。2014年から「グローバルアントレプレナー育成促進事業（EDGEプログラム）」を全国13校で開始した。その後さらなる育成強化のため，2017年に「次世代アントレプレナー育成事業（EDGE-NEXTプログラム）」を東北大・東大・名古屋大・九大・早大の５大学を主幹校として，国内外大学・支援団体を連携したコンソーシアムを2022年まで運営してきた。

この効果で，大学コンソーシアムを起点に中高教育，大学学部や大学院，さらに研究者や社会人へのアントレプレナーシップ教育は，相当進んだ。各大学向けのベンチャーキャピタルの認定が進み，大学支援団体やアクセラレータ，世界各国との連携が加速している。しかし，中国や米国のように国民の挑戦する社会風土には，程遠いのは確かである。

ii）大学発ベンチャー表彰に見る変化

2014年から，知の集積が最も高い大学や研究機関発のベンチャー企業のロールモデルの呈示のための「大学発ベンチャー表彰」が文部科学大臣賞・JST理事長賞，及び日本ベンチャー学会会長賞を中心に始まった。

2015年経済産業大臣賞・NEDO理事長賞が加わり，さらに2017年若手の経営者及び研究者の育成のためにアーリーエッジ（EE）賞が加わり，現在に至っている。

公募数は2014年の初年度は75社であったが，コロナ禍の始まった2020年から30社台に落ち，2022年は34社であった。しかし公募内容から，新規性や独創性，さらに市場性や社会貢献，さらにグランドデザイン（夢）を有する高い技術レベルとグローバル進出がますます明確になっている（**図表1-3**）。

図表1-3　大学発ベンチャー表彰の推移

年度	2014	2015	2020	2021	2022
文部科学大臣賞	プロメテック・S.（粒子解析）東大	創晶（医薬関連受託）阪大	サイキンソー（腸内細菌）阪大	Heartseed（心筋再生）慶大	Chordia Therapeutics（抗がん剤）京大
経済産業大臣賞	－	C&A（結晶/デバイス）東北大	イノフィス（マッスルS．医療機器）東理大	リージョナルF.（水産物）京大	bitBiome（微生物ゲノム）早大
JST理事長賞	ブルックマンテクノロジ（集積回路）静大	クオンタムバイオシステムズ（医療）阪大	Xenoma（衣服型デバイス）東大	オリシロジェノミクス（ゲノム開発）立大	KAICO（蚕蛹タンパク）九大
NEDO理事長賞	－	マイクロ波化学（モノづくり）阪大	Hmcomm（AI音声）産総研	Rapyuta Robotics（ロボット技術） チューリッヒ工大	ElevationSpace（小型衛星）東北大
日本ベンチャー学会会長賞	キュービクス（試薬開発）金沢大	m plus plus（空間デザイン）神戸大	NABLAS（受託開発）東大	マトリクソーム（細胞培養）阪大	ニューロシューティカルズ（医療機器）国研
アーリーエッジ賞	－	－	アグロデザインS.（農薬開発）東大	RTi-cast（震災防災）東北大	LQUOM（量子通信）横国大

注：2022年で9回目になるが，スタート時期と過去3年間分を示す。また，これ以外に特別賞があるが省略。

なお，2022年の地域性は，関東17社，東北北海道4社，関西7社，中四国・九州6社となり，関東圏への集中度が高いのは確かである。また，複数社応募の大学別は，東大５社，東北大・京大４社，東工大・早稲田大・阪大・広大・国立循環器病研究２社となっている。なお業種別にみると，創薬・医療機器・試薬・ヘルスケア19社，ICTサービス６社，製造８社，宇宙１社となり，最近の傾向から医療系関係が，公募の段階から50〜60％を超える傾向がある。

従来の受賞者は，電子部品を含む製造業を中心に，ICTサービス業等が中心であったが，**図表１-３**に見る通り，受賞者事例でみると医療系ベンチャーが急増し，2020年３社（50％），2021年３社（50％），2022年４社（66％）になっている。2022年には特別賞２社ともに医療系でこれを入れると75％に達している。現在100社前後のベンチャーがIPOを行っている。しかし，大学の知を表彰する大学発ベンチャーにおける医療系のIPOは年間５社にも達していない。

医療系ベンチャーには，医薬品，医療機器・ヘルスケア，再生・細胞医療・遺伝子治療等があり，大学の研究成果が患者に届けられるには，有効性や安全性の効果の検証を経なければならない。しかし，非臨床試験を経て，第一相試験の成果により，マイルストーン契約が可能で，多様な収入には，技術レベルの高さ，社長の交渉力に依存する。徹底したオープンイノベーションの下に，大学発テック系スタートアップの典型事例から，ユニコーンが次々と輩出し，「ビジネスモデル輸出国家日本」のロールモデルになることを期待する。

2　日本におけるユニコーン輩出の動き

(1)　日本経済団体連合会によるユニコーン100社計画

時価評価額が10億ドル超の未上場の企業を意味するユニコーンは，現在の日本では累計で５社前後である。経団連は，５年後の目標で100社に増加させるという「スタートアップ躍進ビジョン」を，2022年３月に発表した。

この計画は，日本でも持続的成長の新たな牽引役として，グローバル級のスタートアップを継続的に創出することを目標としている。GAFAM級のような既存産業にとって代わるグローバル市場を席巻するスタートアップは，全体企業の中のほんの一握りであることから，**図表１-４**のような母集団，すなわち起業数自体を格段に増やし，成長のレベルも引き上げる必要がある。

図表１-４　経団連の2027年のユニコーン100社計画

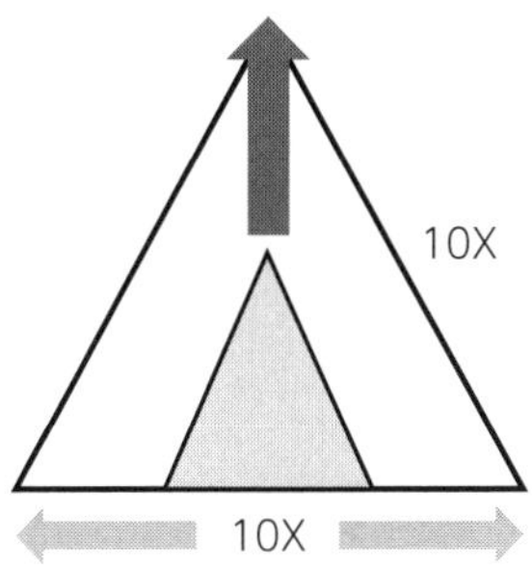

出所：経団連「スタートアップ躍進ビジョン」より

５年後にスタートアップの「裾野」である横軸をまず増加する必要がある。すなわち企業数を10倍にし，年間約10万社とする。このためには，現在約１兆円弱の投資額を10倍の，年間約10兆円が必要になる。

さらに，年間10万社の中から，最も成功するスタートアップのレベルを向上させ，「高さ」を10倍にすることで，ユニコーン企業数を約100社にする。このユニコーンの中からさらに飛躍する企業評価額がデカコーン（100億ドル）を２社以上作るという内容である。

世界最高水準のシリコンバレーに勝るとも劣らない日本にするために，スタートアップの振興を国の最重要課題にするような政策を打ち，世界の人材を国内外から呼び込めるような組織風土を作り上げるための総合提案を行っている。

⑵　スタートアップ・エコシステム拠点都市・推進拠点都市の動き

2022年４月から東京証券取引所の再編により，プライム市場1,839社，スタンダード市場1,466社，グロース市場466社になった。世界の機関投資家等のステークホルダーを呼び込むことを目的としているが，この再編は，札幌，名古屋，大阪，福岡の各取引所の改革とは無縁で，東京一極集中を加速した。

しかし，日本は北海道から沖縄まで縦に長く，各地域の組織風土も異なる。地震国にも考慮し，「しなやかな日本づくり」が不可欠で，スタートアップ・エコシステムを考える上でも，各地域との連携が不可欠である。内閣府は，2020年７月にスタートアップ・エコシステム拠点都市として，グローバル拠点都市４カ所と推進拠点都市４カ所を認定している（**図表１-５**）。

東京圏がスタートアップを輩出する地域であるのは確かだが，各拠点にはそれぞれ地域を代表する産業や得意な分野があり，かつ日本を代表する中核大学や研究機関がある。大学には若者が集い，斬新なアイデアや独創的な技術が生まれ，世界の顧客と交流することによって，日本における社会課題の

図表１-５　世界と伍するスタートアップ・エコシステム拠点都市の形成

	主たる地域	地域特性
グローバル拠点都市	東京・茨城・和光	研究機関・大学やベンチャー及び支援者の一大拠点
	名古屋・浜松	製造業の集積とベンチャー連携の拠点
	大阪・京都・神戸	三都市の京阪神一体となった支援でベンチャー支援
	福岡	2012年のスタートアップ都市支援以来の官民協働

注：「推進拠点都市」は，札幌，仙台，広島，北九州関係
出所：内閣府「スタートアップ・エコシステム拠点都市」2020.7

解決に資することが期待される。

⑶　米国SPACスキームが日本で成り立つか

米国では，1980年代に始まったSPAC（特別買収目的会社）は，不正の温床になりやすい市場として，投資家保護の観点からSEC（米証券取引委員会）が規制を強化し下火になったが，2019年からSPACが急増している。IPO中に占めるSPACの割合は，2019年231社中56社（24％），2020年459社中236社（51％），2021年約1,000社中600社（60％）となり，米国全体の約６割を占めている。しかし，SECが投資家保護等の観点から監視を強めたこともあり，2022年２月９日現在による上場企業数は30社と，前年度からみると約４分の１になっている。

SPACの設立・IPO・運営は，「SPACスポンサー」と呼ばれるファンドマネージャーや企業成功者等によって行われる。彼らは経験豊富な専門性を有していることから，一定の条件下で，詳細な開示義務規制が免除される。彼ら専門家がその目利き力や評判，実績などを活かして，未公開上場（ユニコーン）を探して投資をし，運営してインセンティブを得る仕組みだ。設立時には，いかなる企業を買収するかも決まっていないことを含めて「空箱上場」ともいわれるが，これを引き受ける投資家（インベスター）が存在するわけだ。

日本でもSPAC解禁の検討が，2021年内閣官房の成長戦略会議で検討され，金融庁での検討の結果，SPAC組成者（sponsors）等の「目利き力」の実効性の評価，対象企業の上場適格性や利益相反問題等が指摘された。しかし，「日本にはスタート企業が上場しやすいマザーズ市場があり，SPACを通じた支援は低い」との結論に至っている。

経済活動のグローバル化の急激な変化に，過去のストックが続く限りじっと我慢し続けるか，まだ国のノビシロがあるうちに多様なシナリオを設計しながら「やってみなはれ」精神で素早く，世界の市場の理想に近づけるかの制度変革の選択を迫られている。

3　周回遅れの日本をどう変えるか

米国や中国等は，ユニコーンが年間100社以上輩出され，2021年２月には，米国374社（調達額11,949億ドル），中国151社（同5,747億ドル），欧州87社（同2,592億ドル），アジア56社（同1,868億ドル）に対して，日本では６社（同90億ドル）にすぎない。経団連のユニコーン100社計画の通りでも，世界の競争上最低の目標といえる。

このような差が，どうして生まれたのか。米国などの市場と日本の市場が基本的に違うという認識を持つ必要があると同時に，環境変化に対して制度を変えるダイナミックさに欠けている。

(1)　日本と米国の証券市場形成の差

日銀の家計における資金循環によると，米国と日本では，家計における資金配分が異なり，2021年11月実績で，下記の通りになる。

＜資金循環＞	現預金	年金保険	投資信託	株式出資金	その他	計
日　本	54.7%	23.8%	4.4%	12.6%	4.5%	100.0%
米　国	12.7	30.6	13.0	41.2	2.5	100.0

日本は金利がほとんどゼロになっても，現預金神話が変わっていない。これに対して，米国はリーマンショック後の2009年から株式証券市場が急成長し，直接的に家計が投資家として参加していることを意味している。

この理由として，家計の投資マインドが異なるばかりではない，「証券市場の制度設計」があり，政府は，貯蓄から投資へと掛け声を挙げるが，環境変化に対する制度変革をしてこなかったツケが存在する（**図表１-６**）。

図表１-６　日米株式市場の比較

日本：未上場市場の未発達
　　東京一極集中

○上場株式市場
・東京証券取引所他３カ所
・PTS電子市場　取引所外取引
○未上場株式市場
未上場株式投資の勧誘禁止例外
・クラウドファンディング
　株主コミュニティ
　特定投資家私募
・M&A　第三者割当増資
○証券会社266社，
　登録員7.6万人

米国：全米取引システム等のネットワーク
　　で一体化，多層的・多極分散型市場

○上場株式市場
・取引所13カ所（NYSE，NASDAQ，
　他11）
　ATS電子市場　店頭市場（OTC）
○未上場株式市場
・電子株式市場（全米店頭登録を統合
　する市場）
　米国最大のOTC Marketsに発展
・店頭登録（証券会社のネットワーク）
　クラウドファンディング　マーケットプレイス
○証券会社3,607社，
　登録外務員63万人

注：PTS（私設取引所），ATS（代替取引システム）
出所：日本ニュービジネス協議会連合会（JNB）「提言　日本版ピンクシート・マーケットの創設」2022年９月より

日本のベンチャー経営者の多くは，将来リスクのある先行投資に対して，

デット（Debt）という銀行からの融資限度額を数千万円から数億円の範囲で受けざるをえない。モノづくり系の上場企業が多いのは，有形資産中心の銀行の融資とも関係している。米国を先頭に，英国，EU，韓国等の諸外国では，資本市場改革が進み，未上場企業が発展し，日本だけが未上場株式市場から取り残されたままであるということが，「周回遅れの日本」といえる。

米国等のベンチャー経営者は，返済期限の無いエクイティ（Equity）をベンチャーキャピタル等から直接資金で受け，成長のためのリスク資金を投資家が持つ仕組みが出来上がり，優れた事業計画を前提に，未上場株式市場を通し多くの投資家から資金を集めることができるので，数十億円規模からの成長資金を検討することができる。これらを運用する証券会社は米国3,607社，登録外務員63万人だが，日本は，同266社，同7.6万人で，米国の10分の１以下だ。

すなわち米国の証券市場は，上場株式市場と未上場株式市場が，多層的・多分散型に動いている。上場株式市場は13カ所に存在し，上場株式市場（OTC）は，第３市場まで存在し，ATS（代替取引システム）の電子取引システムが稼働している。未上場株式市場は，州際上場株式店頭市場と各州の店頭登録があり，ほぼ同規模のスタートアップや中堅企業成長のためのエクイティ投資を支援している。このような多層的・多極分散型の市場が，全米取引システム等のネットワークで一体化されている。

⑵　米国が育成するユニコーン未上場株式市場

2015年ドイツ発の第４次産業革命を引き金に，すべてのモノに通信機能を持たせて相互通信が可能になるIoT（Internet of Things），コンピュータや機械を利用して人間の課題解決能力と意思決定能力を支援する人工知能（AI：Artificial Intelligence）やロボット時代に入った。データ駆動社会の始まりで，会計上は費用化される無形資産，M&Aによる購入時点に無形資産となる未来投資を怠らなかった企業に創造する価値が移転し始めた。米国のGAFAMやテスラは，株式時価総額急増を背景に将来の競合になるスタートアップや大型の合併を繰り返して巨大化している。

図表１-７　米国等主要国の未上場企業の資本形成

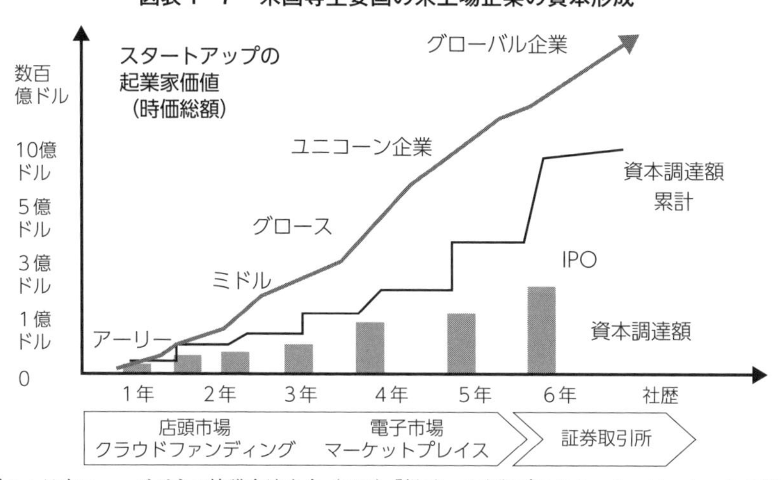

出所：：日本ニュービジネス協議会連合会（JNB）「提言　日本版ピンクシート・マーケットの創設」2022年９月

ベンチャー企業は，スタートの「アーリー」ステージの段階で必要資金をエクイティ（直接金融）から調達する。その後「ミドル」段階や「グロース」段階に進むことができるのは，投資家が安心して投資できる未上場株式市場の存在と無縁ではない。クラウドファンディングやマーケットプレイスにおいて投資家がどのように評価しているかを，店頭市場や電子市場の企業価値（時価総額）で知ることで，投資家は安心して投資できる。米国企業の過半がSPACを活用して，「ユニコーン企業」で上場し，さらに「グローバル企業」へ成長できるのは，このような背景がある（**図表１-７**）。未上場株式市場では，企業の資本調達額の増加が，株式時価総額を押しあげ，時価総額と投資家資産の拡大という好循環が企業成長を加速している。

典型的なテック系ベンチャーであるスタートアップがユニコーン企業へ，さらにグローバル企業に育つ資本形成についてイメージを示したが，通常の成長企業である製造業や小売業，さらにサービス業等の業種でも，同じようなプロセスを経て，10年近くの時間をかけながらIPOを果たす。

⑶ 米国・EU・韓国並みに日本の制度変更を

米国の他EU及び韓国では，ベンチャー企業が主体的に未上場株式を発行し，募集活動をして資本を調達することができる。個人投資家も成長企業の未上場企業への投資で資産を拡大することができる。

これに対して，日本では企業経営者が増資をする時の募集活動の規模が厳しく制限されている。投資した株式を転売するマーケットプレイスもPTS電子市場も設置できていない。

一般投資家が未上場株式に投資をする機会は，クラウドファンディング（CF）の活用以外にほぼないのが現実だ。内部留保を蓄積する大企業や中堅企業には，M&A案件は多数現れるが，スタートアップのような成長途上の企業には，R&Dを先行し，キャッシュフローもなく，M&Aのチャンスも少ないのが現状だ。

① 日本と諸外国におけるスタートアップ支援の比較

日本と，米国，EU，韓国を比較すると，**図表1-8**の通りになる。

日本の課題を，他の国々と比較しながら整理する。

ｉ）「小規模公募」と「少人数私募」に関する一定の開示

一般投資家保護のために，日本は厳しい制度を変更することをせず，周回遅れの原因となっている。

日本には，第三者割当増資を「1億円未満」で行い，勧誘する先を49名以下に抑える場合には，「有価証券通知書」という簡単な提出になっている。

図表１-８　周回遅れを取り戻すための未上場市場の日本の制度と海外比較

未上場株式の募集制度と範囲		日本	米国	EU	韓国
小規模公募	公募額上限	１億円未満	82.5億円以下	10億円以下	0.98億円以下
少人数私募	勧誘先数	49名以下	勧誘先無制限（購入者35名以下）	150名以下	49名以下（公募条件等公表自由）
適格投資家・私募	資産規模	・法人と個人ともに有価証券残高10億円以上（適格機関投資家） ・証券会社に私募を委託すると，法人：無制限，個人：金融資産が３億円以上（特定投資家）	・法人：総資産5.5億円以上 ・個人：住居以外の資産1.1億円以上	投資資産 ・法人：2.6億円以上 ・個人：0.65億円以上	投資資産 ・株式会社：4.8億円以上 ・個人：0.48億円以上

出所：日本ニュービジネス協議会連合会（JNB）前掲に同じ

逆に，年間１億円以上を超えて調達し，50名以上となると「公募増資」になり，監査法人の監査証明を添付した「有価証券届出書」を所管の財務局に提出することが必要になる。まず「小規模公募額」を１社年間５億以下に改訂する。

一般投資家保護のために公募額上限を，米国は82.5億円以下に，EUは10億円以下，さらに韓国は0.98億円以下に設定し，これ以上が公募増資になる。米国は，次々とこの保護の範囲を拡大してきた。

また，第三者割当を「少人数私募」とするためには，日本のみが勧誘先数を49名以下とする必要がある。米国の勧誘は自由だが，その購入者を35名以下に限っている。EUは150名以下，韓国は募集条件等の公表は勧誘とされず，同じ49名以下でも日本と大きく異なる。なお，中国は，勧誘先200人以下の少人数私募がある。

ⅱ）適格投資家私募の資産規模

投資家が第三者割当増資に参画できるかについては，一般投資家保護のために各国とも法人と個人に対して，制限を設けている。この制限以上であれば，リスク負担に耐える能力があるとの判断が前提にあるが，日本のみが異常に高い設定のままだ。

各国の制限は，米国が，法人5.5億円以上・個人（住居以外の資産）1.1億円以上，EUは，法人2.6億円以上・個人0.65億円以上，韓国は，株式会社4.8億円以上，個人0.48億円以上となっている。

逆に日本では，2007年に制度が変更になり，一定の条件を満たす事業法人や個人も金融庁に届出をすれば適格機関投資家になる。「適格機関投資家」は，機関投資家及び有価証券残高10億円以上の法人・個人（金融庁長官への届出必要）だ。プロの投資家を意味する「特定投資家」は，適格機関投資家に加えて，国等，法人，さらに証券会社に私募を委託すると，法人は無制限で，個人は金融資産３億円以上が対象になる。

②　スタートアップ支援制度の抜本的改革

ユニコーンを早期に輩出し，米国や中国から遅れている周回遅れのスタートアップを支援し，貯蓄から株式への流れを加速するために，日本の周回遅れをいかに改革するかの議論になる。日本ニュービジネス協議会連合会では，参考文献に示す通り田所創氏と討議を重ね，次のような抜本的な改革の提案に至った。

ⅰ）私募の拡充と店頭市場（OTCマーケット）の創設

・適格機関投資家及び特定投資家の範囲を諸外国並みに拡大

適格機関投資家

法人：資本金５億円以上

個人：金融資産１億円以上

特定投資家

株 式 会 社：金融資産１億円以上

個人投資家：年収2,000万円以上

・証券会社を経由した転売・流通の仕組み（店頭市場）を整備。証券会社が連携した未上場株式の取引ルールを整備，全銘柄の売買情報を共有。

ⅱ）未公開株式マーケットプレイス（MP）の解禁

・MPに関する規制を解除し，PTSの定義からMPを外し，開示義務免除にMP追加

・企業や特定投資家は，他の投資家に直接勧誘（自己募集）し，販売・転売の解禁

・少人数私募はMPで募集情報を提供し勧誘先無制限とするも，購入者49名以下維持

・小規模公募をMPで実施し，簡易な開示義務を課するミニIPOの創設

・規制当局認証のもと，DXによる投資家保護を確保し，安心・低コストのブロック・チェーン等を活用したプラットフォームを活用

ⅲ）株式投資型クラウドファンディング（CF）の抜本拡充

CFを，無名の成長企業が投資資金を集め，一般国民に未上場株式への投資機会を提供するために，成長企業の本格的な資本調達の場と良質の投資の場を創出するために改革

・募集額：企業１社の年間５億円以下，投資家１人投資上限額：年間2,000万円以下，ただし特定投資家は無制限

・小規模企業向けに資本調達資金コストの削減　５～10％に

ⅳ）日本版ピンクシート・マーケットへの発展

監督官庁の取引監視をWEBで実行し，証券会社，MP運営会社が，安全・安価なシステムを導入し，店頭登録とCFとMPが連携し，投資家はオンラインで全銘柄を注文できることを可能にする。市場で流通する未上場株式が増えたら，成長企業向けPTS電子市場を整備し，次の発展を考える。

以上，日本の遅れている未上場株式市場を，個別の規制を改革しながら，他の国々のようなユニコーン企業を育て，グローバル企業を目指すロケットIPOの発射台となるように，世界の成長に伍する日本のスタートアップを育成する抜本的な改革を期待する。

参考文献

科学技術振興機構「大学発ベンチャー表彰　表彰対象ベンチャー企業の概要」2014年から2022年までの各９回受賞者リスト

共同提言者　日本ニュービジネス協議会連合会（JNB）・日本ベンチャー学会（JASVE）「共同提言　しなやかな日本づくりのためのプライベートマーケットの整備―中小企業・ベンチャー企業の成長支援に関する国内未上場株式の市場の整備について―」2021年８月

経済産業省新規事業創造推進室「スタートアップ支援の現状と課題」2022年２月

大和証券金融調査部太田珠美「米国SPACが迎えている転換点と日本への示唆」2022年２月

独立行政法人経済産業研究所　田所創「日本の株式市場改革の遅れと中堅・中小企業，ベンチャー企業の成長停滞―未上場株式市場（プライベート・マーケット）の整備の方向性）」2021年９月

内閣府「スタートアップ・エコシステム拠点都市」として「グローバル拠点都市」及び「推進拠点都市」2020年７月

日本経済団体連合会「スタートアップ躍進ビジョン」2022年３月

日本ニュービジネス協議会連合会（JNB）「提言　日本版ピンクシートマーケットの創設＝諸外国に大きく遅れてしまった日本の未上場株式市場の今後の発展の段取り＝」（2022年９月　本提言は，田所創氏の研究成果を基に，いかに関係各所に理解していただくかの討議を重ね作成された）

「日本ベンチャー大賞」及び「日本スタートアップ大賞」2015年～2022年各６回受賞者リスト

第２章

（石井芳明）

政府のスタートアップ政策：世界に新しい価値を提供するスタートアップ・エコシステムの形成に向けて

課題：世界のスタートアップ・エコシステム形成の競争が激化

日本のスタートアップ・エコシステムは資金調達の増加やスタートアップを指向する人材の増加など改善しているが，世界のスタートアップ創出のスピードはそれを上回る速度で，世界との差はむしろ広がりつつある。

提言：「スタートアップ創出元年」，「スタートアップ育成５か年計画」の方針の着実な実施

岸田政権において打ち出されたスタートアップ支援の強化を，一過性のブームではなく着実かつ継続的に実施することで，新しい技術やサービスが社会実装され，人々の暮らしが豊かになる好循環を作り出すことが重要である。

1　スタートアップ政策の意義

超高齢化社会の到来による生産年齢人口の縮小，社会における格差と不公平感の拡大，パンデミックとの共存，不安定な国際関係の継続，待ったなしで迫りくる環境破壊など，様々な課題に私たちは直面している。これらの課題を解決する，又は，課題と対峙する手段を得ることが，誰もが幸せに暮らす豊かな社会を実現するための必要条件である。そして，そのためには，これまでの既定路線を超える新たなる挑戦とそこから導き出される「イノベーション」が必要である。

イノベーションを創出し，新しい技術やサービスを社会に実装していくことで，社会は次のステップに進んでゆく。実際，蒸気機関や機械の導入に端を発する産業革命，コンピュータの利用拡大によるデジタル革命は社会の仕組みを変え，人々の暮らしを変えている。原始の狩猟社会から，農耕社会，工業社会，情報社会へとイノベーションにより人々の暮らしは発展し，今，多くの課題に直面する私たちは，次の社会の在り方に貢献するイノベーションを模索している。

では，イノベーションはどこから生まれてくるのか。大学の研究室，大企業の研究所，ビジネス現場での創意工夫，発明家の頭の中，生活の中での何気ない思いつき，など様々な源泉がある。イノベーションは，既存のものを新たに組み合わせる「新結合」であり，既存の概念や方法を打ち破って新しいことに挑戦する「創造的破壊」から生まれてくる。

そして，この新しいことに挑戦し，事業を通じて社会実装する組織として，今，「スタートアップ」が注目されている。スタートアップは，新しい技術やサービスで事業に取り組み，成長することを目指す企業である。スタートアップは，①事業の新規性，②成長志向，③創業から期間が経過していない，の３つの特徴を有する新興企業群で，イノベーションを通じた経済成長の牽引力として注目されている。

実際，私たちの生活を豊かにする身近なイノベーションの多くは，スタートアップから生まれている。パソコン，スマートフォン，検索エンジン，ソーシャルネットワークは，若い起業家がスタートアップを興し，投資家の資金と新しい市場を獲得して，短い期間で世界的に事業拡大したことによりもたらされている。日本を代表する企業であるソニーやホンダも，創業時はスタートアップだった。また，医療福祉や環境など，今後の重要分野でも，未開拓の市場を機動的に攻めるスタートアップの活躍が見られる。

起業を志す人たちが，人材や技術や資金を集めて，スタートアップを創業し，市場に新しい商品やサービスという価値を提供しながら成長する。その成長過程で，イノベーションが生まれ，社会に定着していく。スタートアップを応援することは，社会課題を解決して，日本を豊かにすることにつながるのである。

今，世界ではものすごい勢いでスタートアップが生まれ，成長している。

図表2-1の米国，日本の企業価値（株式時価総額）のランキングの比較をご覧いただきたい。米国では，アップル，マイクロソフト，アマゾン，グーグル，テスラなど新しい企業が上位を占めている。これらの企業はもともとスタートアップとして創業し，投資資金や世界市場を獲得して大きく成長し，現在，米国経済を動かしている。「新陳代謝」という言葉があるが，経済も新しい企業が成長することで，活力を得る。これに対し，日本はトヨタ，ソニー，キーエンス，ソフトバンク，NTTなどが上位に陣取る。社歴のある企業が上位を占めている状況で，米国のような新しい企業群が見当た

図表2-1　株式時価総額ランキング

米国の株式時価総額ランキング（2021.4.30時点）

（単位：千ドル）

	社名	時価総額
1	アップル	2,240,875,054
2	マイクロソフト	1,901,797,890
3	アマゾン・ドット・コム	1,749,945,102
4	アルファベット（GOOG）	795,926,196
5	フェイスブック	791,088,903
6	アルファベット（GOOGL）	719,614,746
7	テスラ	649,820,822
8	アリババ・グループ・ホールディング	635,213,250
9	台湾セミコンダクター・マニュファクチャリング	617,661,662
10	JPモルガン・チェース・アンド・カンパニー	469,775,649

日本の株式時価総額ランキング（2021.4.28時点）

（単位：百万円）

	社名	時価総額
1	トヨタ自動車	27,079,616
2	ソフトバンクグループ	20,670,354
3	ソニーグループ	14,893,104
4	キーエンス	12,281,988
5	日本電信電話	11,037,282
6	ファーストリテイリング	9,517,989
7	リクルートホールディングス	8,501,848
8	任天堂	8,196,395
9	三菱UFJフィナンシャル・グループ	7,927,811
10	日本電産（現ニデック）	7,879,899

出所：yahoo! financeをもとに筆者作成

らない。

そして，深刻なのは，日米企業の時価総額の差が大きく開いていることである。株式時価総額は企業の社会に対する価値創造の度合いを示す指標のひとつだが，日本企業の価値創造は米国と比してかなり小さい。かつては世界のランキング上位を独占した日本企業群が，米国や中国のスタートアップから成長した新興企業群に上位の座を明け渡している。スタートアップから成長企業を創出することが，経済発展の面でいかに重要か，如実に分かるデータと言える。

また，**図表2-2**の株式インデックスの推移にも着目いただきたい。ここ10年の米国S&P500と日本TOPIXの伸びの差は如実で，失われた10年，20年といった言葉を想起させる。しかし，S&P500のインデックスからGAFAM（グーグル，アップル，フェイスブック（メタ），アマゾン，マイクロソフト）を除いたS&P495のインデックスは日本と変わらず停滞している。米国株式のインデックスの上昇はGAFAMのような成長企業のみからもたらされているのである。すなわち，株式市場に代表される経済の活力の担い手は，既存企業群ではなく，スタートアップから大きく成長する企業群であると言えるのである。

図表2-2　日本（TOPIX）と米国（S&P）における直近10年間の株式市場のパフォーマンスの推移

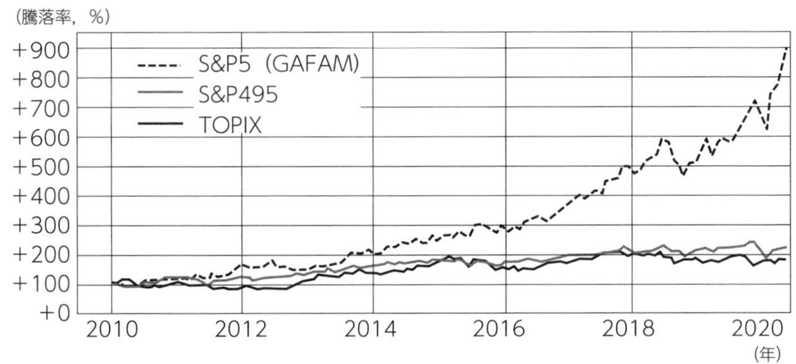

※2010年１月の各終値を100とおいた場合の騰落率。休場日は前営業日の終値をプロットしている。
出所：S&P500指数，GAFAM時価総額推移，日経平均株価指数データをもとにオコスモ作成

そして，経済成長の牽引力であるスタートアップの創出は米国だけでなく

世界で加速している。米国，中国，インドなどにおけるユニコーン企業（時価総額10億ドル以上の未上場企業）の創出は，近年ますます加速しており，米国では500社，中国では200社近いユニコーンが輩出されている。またそれらユニコーンの時価総額の大きさも日本と格段の差が生じている。

この背景には，スタートアップの創出と成長促進のための政府支援や都市づくりが各国で実施され，官民のスタートアップ・エコシステム形成の競争が激化していることが挙げられる。

このような世界的な政策競争を受けて，日本でもスタートアップ政策の強化が進行している。

2　日本におけるスタートアップ政策の強化

世界的なスタートアップ創出競争の中で，日本においては官邸や内閣府を軸に各省庁の政策の方向性をあわせる動きが生まれてきた。その一つとして現在動いているイニシアチブが，「スタートアップ・エコシステム拠点形成戦略」である。この戦略は，2019年６月に総理大臣官邸で開催された統合イノベーション戦略推進会議で発表され，政府全体の成長戦略にも盛り込まれたスタートアップ支援を推進するための政府横断の基本方針である。

スタートアップ戦略には，世界へのメッセージとして，「Beyond Limits. Unlock Our Potential」という副題がついている。今までの殻を打ち破り，潜在力を開放するという意気込みで，政府がスタートアップ支援を抜本的に強化することを通じて，大学，地方自治体，民間を巻き込み，日本の起業家がこれまでの制約を超越し（Beyond Limits），日本の潜在能力を開放する（Unlock Our Potential）ことを目指す計画になっている。具体的には，次の７つの戦略での日本のスタートアップの課題解決とエコシステム（企業が成長する生態系）の形成を目指している。

図表2-3　スタートアップ・エコシステム拠点形成戦略

戦略1：世界と伍するスタートアップ・エコシステム拠点都市の形成
○各都市のエコシステムとしての潜在力の分析，拠点都市の選定
○拠点都市への集中支援
戦略2：大学を中心としたエコシステム強化
○大学の起業家教育プログラムの強化
○大学の技術シーズの実用化促進（官民によるシーズ研究の育成）
戦略3：世界と伍するアクセラレーションプログラムの提供
○グローバルトップアクセラレーターの招致
○分野毎のアクセラレーションプログラムの強化（バイオ・医療，Deep Tech）
戦略4：技術開発型スタートアップの資金調達等促進（Gap Fund）
○日本版SBIR制度の抜本強化
○研究開発型ベンチャー支援事業の抜本強化
戦略5：政府，自治体がスタートアップの顧客となってチャレンジを推進
○公共調達の推進のための制度の検討
○公共調達ガイドラインの実践・地方自治体のスタートアップからの調達促進
戦略6：エコシステムの「繋がり」形成の強化，気運の醸成
○JST-NEDO連携強化を軸とした機関横断的な支援システムの構築
○各省庁，民間のスタートアップ関連イベントの連携強化
戦略7：研究開発人材の流動化促進
○人材流動化プロジェクト等の支援（出向，出島形成等）
○イノベーション人材の流動化に係る要因の分析と支援

戦略1では，スタートアップ・エコシステムの拠点として，都市の取組みを支援するという方向性が示された。世界のユニコーンの多くは，シリコンバレー，ニューヨーク，ロンドン，パリ，北京，シンガポールのような都市部から生まれ，スタートアップ支援においても都市間競争が激化している。これを受けて，国内で優れた地域を選定し，さらに強化する方針が示されている。世界のトップエコシステムとの人材・技術・資金の獲得競争に勝つこ

とを目標にしているため，あえて潜在力のあるエリアを限定した官民の集中支援という方策をとり，潜在力や可能性をさらに伸ばすアプローチとなっている。これは，J-Startupが世界で勝てる企業を選定し，官民の集中支援をしていることと同様に，効果を大きくするためにフォーカス戦略で政策資源を集中する支援である。

戦略２は，研究開発の事業化で世界に勝つことを意識している。日本の勝ち筋は技術力。技術力の源泉たる大学を支援しようという考え方である。日本の大学では，知的財産権や質の高い論文が多く，世界に誇ることのできる研究開発が進められている。この研究成果を効果的に事業化することで，競争に勝ち，世界に貢献することができる。このため，大学の研究成果の事業化の加速を図るべく，起業家教育や事業化支援プログラムの強化が打ち出されている。高齢化，医療福祉，環境などの多様化する社会課題の解決に，医療・バイオ分野，物質材料分野，機械工学分野，宇宙開発分野をはじめとする様々な研究成果の活用が加速される。

戦略３と戦略４は，スタートアップの立ち上がりの部分の支援である。日本では，事業がある程度立ち上がって，ビジネスの先行きが見える状況では公的支援や民間の資金供給が受けやすい。一方で，立ち上がりの時期に経営面や資金面での支援は少ない。それを是正し，立ち上がり支援を強化する趣旨だ。

戦略３のアクセラレーションプログラムは，スタートアップ創業期の経営を応援するプログラムである。経営を加速するということでアクセラレーションという言葉が使われており，具体的には，起業家に対するセミナーや個別相談（メンタリング）やネットワーク支援を通じて，事業開始時のビジネスプランの磨き上げや，経営チームの形成，初期の支援者や連携先との繋ぎを実施する。

戦略４は，事業を立ち上げる時の資金面での支援である。研究室の研究成果と事業化の間には資金の溝（ギャップ）があると言われており，このギャップを補助金等で埋めるギャップファンディングを強化する。米国SBIR（Small Business Innovation Research）では，まだ成果が出るかどうか分からない研究成果に積極的に補助金を投入して事業化を応援しており，そこから多数のユニコーンや成長スタートアップが生まれてきている。日本も同様にこのSBIR制度を今後，抜本的に強化することとなっている。

戦略５は政府調達の強化である。スタートアップが事業を始めて最初に突き当たる大きな壁が，顧客の獲得である。技術や事業価値が市場の中で証明されておらず，知名度や信用力のないスタートアップの製品やサービスを，リスクをとって使おうという顧客・顧客企業は少ないのが現状で，それならば，政府が試験的に使ってみて，結果が良ければ大幅に導入しようというのが，この取組みである。政府がまず調達することで，スタートアップの信用力がアップし，初期需要の創出が図られることが期待される。調達の現場は保守的になりがちなため積極的な動きを作るのがむずかしい分野だが，入札制度の改正やガイドライン，スタートアップの新技術や新サービスのカタログ作り等で少しでも前に進める方向となっている。

戦略６は気運づくり。日本では，まだまだスタートアップが経済のメインプレーヤーになるには至っていない。米国や中国をはじめ世界の国々では，成功したスタートアップ経営者がロールモデルとなって若者がスタートアップを志すという好循環が生まれている。一方，日本において調査をすると起業に興味のない人が国民の約７割を占める状況だ。「親ブロック」という言葉があるが，若者が起業しようとしたり，スタートアップに就職しようとしたりすると親が止めるという現象もまだまだよく聞く話である。支援機関が連携して支援の枠を広げる，イベントなどを通じてスタートアップを巡る気運を盛り上げることから，日本のスタートアップの裾野を広げる取組みを強化する。

戦略７は，資金調達とともにスタートアップの大きな課題となっている人材の確保を進めようという試みだ。欧米のスタートアップの成功例では，大企業や公的部門の経験のある経営者が，スタートアップの成長過程で大きく貢献している。人材の流動性がそれを可能にするという構図である。日本ではまだまだ大企業に人材が固定化する傾向にあるので，スタートアップや子会社に出向することを推進する。また，新しい試みをする組織を大企業から切り出して「出島」を作る，といった日本流の人材流動化の試みを進めようとの取組みだ。

以上の戦略を内閣府，文部科学省，経済産業省が中心となって各省と連携しながら実施している。予算事業，法律改正，税制，規制緩和など様々な政策ツールを活用し，新しい取組みが進んでいる。この戦略の中で特に注目の動きを以下に挙げる。

⑴ スタートアップ・エコシステム拠点都市

2020年７月，安倍総理大臣の出席する総合科学技術・イノベーション会議で，スタートアップ・エコシステム拠点形成戦略に基づく拠点都市の選定結果が発表された。世界と戦う「グローバル拠点都市」に，東京（東京，横浜，川崎，つくば，和光），名古屋・浜松，関西（大阪，京都，神戸），福岡の４拠点，地域の特徴を活かす「推進拠点都市」に，札幌，仙台，広島，北九州の４拠点が選定されている。

スタートアップ・エコシステム拠点都市は，地方自治体，大学，民間組織のコンソーシアム（協議会）を実施組織体として選定。自律的にエコシステム形成が継続するように，自治体，大学，民間のキープレーヤーがコミットする協議会形式になっている。自治体は全体の取りまとめと支援策の実施，大学は研究開発成果の供給と事業化の促進，民間は経営の知見や資金などの供給を担う。特に留意すべき点は，人と人とが「顔の見える」形でつながるコミュニティの形成を指向していることで，キーパーソンや実際に機動的に動く若手人材を指名する形で，エコシステムを形成する計画が作られている。

① スタートアップ・エコシステム東京コンソーシアム（東京都，渋谷区，川崎市，茨城県，つくば市，和光市，横浜市など）

スタートアップやVC・大企業等の支援者が圧倒的に集積する東京都心部（渋谷，六本木・虎ノ門，大手町・丸の内，日本橋）を核に，研究開発拠点を有する各都市（川崎，つくば，和光，横浜）が連結。知事や市長直属の支援チームが，民間と協力しつつシリコンバレー，ボストンなどのキープレーヤーと連携している。東京大学（総長指示のもと学内起業家支援を強化），慶應義塾大学，早稲田大学など有力大学でワーキンググループを作り起業家育成の取組みが進む。

② Central Japan Startup Ecosystem Consortium（愛知県，名古屋市，浜松市など）

日本を代表する製造業の集積とスタートアップとの繋がりでイノベーション創出の加速を目指す。中部経済連合会など経済界がつなぎ役となり愛知県と名古屋市が連携。日本最大級のスタートアップ拠点「Station Ai（フランスのStation Fに対抗）」を知事のイニシアチブで整備予定。モビリティ（車を含む移動手段），インフラ，ヘルスケア，農業などを重点分野に支援が強化される。スタートアップの活動が活性化している浜松との連携で医療や光の分野での成長企業創出も狙う。

③ 大阪・京都・ひょうご神戸コンソーシアム（大阪市，京都市，神戸市など）

関西の三都市がスタートアップ支援で連携を推進。大阪は資金と人材，京都は研究シーズと製品化支援，神戸は社会実証実験と公共調達で強みを有しており，これを複合的に組みあわせる形で，スタートアップを育成する経済圏の形成を目指す。大阪府・市，京都府・市，兵庫県・神戸市が，トップと事務方あわせてスタートアップ支援で協調するのは，これまでになかった取組み。ヘルスケア，ものづくり，情報通信分野に重点を置き，大学・研究機関が連携。2025年の「大阪・関西万博」に向け経済界を含め京阪神一体となった支援体制を構築する。

④　福岡スタートアップ・コンソーシアム（福岡市など）

2012年「スタートアップ都市宣言」以降，高島市長のイニシアチブで一貫して官民協働による起業支援やスタートアップのコミュニティの形成が進む。シリコンバレー，エストニア，ヘルシンキ，台湾との連携でアジアでの国際都市としての存在感も強化。市街地の中心に位置する「Fukuoka Growth Next」での若手起業家の活動や九州大学「起業部」をはじめ若手のコミュニティが活性化し，九州大学が新キャンパスに移転した広大な跡地では新技術の社会実証を実施中である。

⑤　札幌・北海道スタートアップ・エコシステム推進協議会（札幌市など）

一次産業，バイオ・ヘルスケア，宇宙産業等がターゲット。「NoMaps」など国際イベントでコミュニティ形成。充実した実証フィールド，北海道型ライフスタイルを提供。

⑥　仙台スタートアップ・エコシステム推進協議会（仙台市など）

社会課題解決を目指すソーシャル・スタートアップの起業家・支援者の層の厚みが特徴。東北大学の材料科学，災害科学等の事業化に民間と連携で取り組む。

⑦　地域イノベーション戦略推進会議（広島県など）

自動車産業等製造業のAI/IoT導入，ゲノム編集など大学の先端技術を活かしたイノベーションの創出を目指す。イノベーション・ハブ・ひろしま

Campsはじめ人材の集まる拠点を整備。

⑧　北九州市SDGsスタートアップエコシステムコンソーシアム（北九州市など）

SDGs未来都市の実現を目標に，環境，ロボットの分野に特化。ロボット産業や鉄鋼業などの産業集積や北九州学術研究都市の研究機関との連携を軸にスタートアップを支援。

⑵　SBIR

日本版SBIR（Small Business Innovation Research）制度は，1999年の創設以来，中小企業立法であるがゆえに，中小企業の技術開発支援に閉じた制度で運用され，米国のSBIRとは似て非なるものと揶揄されてきた。しかし，2020年に法改正が実現し，内閣府に制度が移管されて省庁横断のイノベーション政策の柱となっている。「中小企業の経営力を強化するために中小企業のイノベーションを促進する」から「我が国のイノベーションを促進するために中小企業やスタートアップに機会を提供する」という大きな方向転換がなされている。真のイノベーション創出のための制度に脱皮できるか，これから，各省庁の動きが注目される。

新制度では具体的には，以下の３つの方針が打ち出された。

①制度を科学技術・イノベーション活性化法に移管し，内閣府のリードのもと各省庁の横断的連携で実施する。

②各省庁の研究開発予算の一定割合を中小企業・スタートアップに支出する目標設定をする。

③省庁の枠を超えて統一的なルールで動く「指定補助金」グループを創設する。

統一的なルールで動く「指定補助金」と呼ばれる補助金グループは，課題設定による事業募集，研究開発の初期段階から成果に応じて連続的に支援する多段階選抜，技術的知見と事業化へのノウハウを有するプログラムマネージャーによる事業管理，補助金手続簡素化と広報推進，事業成果の公共調達や民生利用への繋ぎの強化，などを各省のそれぞれの分野で実施する。各省庁も「わが省の事業は中小企業やベンチャー企業のためにあるわけではないので…」という姿勢から，「スタートアップや中小企業の機動性やリスクテイクでイノベーションを起こして政策課題を解決していこう」という姿勢に変わりつつある。まだまだ小さな動きだが，今後大きな変革になってゆくことが期待されている。

3 スタートアップ政策の今後

現在，日本のスタートアップを巡る状況は改善の兆しがある，スタートアップの資金調達額は2013年の872億円から2021年の7,801億円へとここ８年で９倍になった。ユニコーン企業や短期間に時価総額が1,000億円企業を超える新興上場企業も20社以上になっている。また，世界のスタートアップ・エコシステムのランキングでも東京が上位ランクに姿を見せるようになった。さらに，アンケート調査では東大・京大生の約半数がスタートアップを就職先の候補にあげるなど学生の注目も上がってきている。

「日本のスタートアップ，盛り上がってきたね。10年前と比べたら，隔世の感がある。」という声をスタートアップ界隈のミーティングでよく聞くようにもなった。

一方で，第１節で取り上げたように世界との差は大きい。現状を分析すると「進展はしているけれども，課題は多い。楽観も悲観もできない。」というところだと考えている。ただ，確実に言えることは，新しいことに挑戦する人は増えているし，スタートアップの注目度は上がっているということ。

岸田政権においては2022年を「スタートアップ創出元年」とし，今後スタートアップの支援を更に強化するという方針が打ち出された。今後「スタートアップ育成５か年計画」のもと，本章で記載した支援策や，各省庁の新たな施策群が強力に実施される方向にある。

時代のうねりが到来しているので，この機会を活かし，着実かつ継続的にイノベーション創出の担い手たるスタートアップをしっかりと支援することで，新しい技術やサービスが社会実装され，人々の暮らしが豊かになる好循環を作り出すことが日本の将来にとって重要と考えている。

本章が，スタートアップとその育成について考えていただくきっかけとなれば幸甚である。ブームではなく，ムーブメント，そして，挑戦することが主流になるような社会が実現すれば，未来は明るいと確信している。

第3章

（大木裕子）

インキュベーション・プロデューサー：育てる教育環境・社会的取組みの充実

課題：構想力を持ったインキュベーション・プロデューサーの不足

産業集積にとって必要なのは，集積地と消費をつなぐプロデューサー的機能であるが，ハイエンドと中間層の双方のニーズを追求することのできる構想力を持ったインキュベーション・プロデューサーの絶対数が，日本には不足している。

提言：インキュベーション・プロデューサーを育てる教育環境・社会的取組みの充実

頑強で創造性の高いインキュベーション・プロデューサーとなるプロフェッショナルを育てていく教育環境や社会的取組みを整えるべきである。

1 産業集積：国内外の動向

(1) 産業集積の理論

産業集積について最初に論じたのはマーシャル（Marshall, 1890）であるとされる。マーシャルは，産業の地域的集積が①特殊技能労働者の市場形成，②補助的産業の発生，高価な機械の有効利用による安価な投入資源の提供，③情報伝達の容易化による技術波及の促進といった外部経済をもたらすことを指摘した。その後，米国の大量生産体制の限界を指摘する形で，ピオリとセーブル（Piore and Sable, 1984）が「第三のイタリア」としてイタリアの産業集積の「柔軟な専門化」を提示したことを契機として，再び産業集積の研究が注目されるようになった。クルーグマン（Krugman, 1991）も，一度集積ができると外部経済効果により，その集積が一層強固なものになることを指摘している。

またサクセニアン（Saxenian, 1994）は米国のシリコンバレーとルート128の産業集積を比較し，シリコンバレーでは競争と協調の地域ネットワーク型の産業システムの形成が土台となって，環境の急激な変化にも柔軟に対応してきたことを指摘した。ポーター（Porter, 1998）は，こうした「特定分野における関連企業，専門性の高い供給業者，サービス提供者，関連業界に属する企業，関連機関（大学，規格団体，業界団体など）が地理的に集中し，競争しつつ同時に協力している状態」をクラスターと呼び，知識ベースの競争下におけるクラスターの役割の高まりについて指摘している。伊丹他（1998）が指摘するように，産業集積では「技術蓄積の深さ」「分業間調整費用の低さ」「創業の容易さ」といったシステム的な意義と共に，情報の流れの濃密さ・情報共有をもたらす「場」として機能することで，イノベーションの創出につながっている。

(2)　海外の産業集積地の動向

産業集積は世界各地で見られ，その規模や作り出される製品は多様である。シリコンバレーの成功が大きく取り上げられてきたこともあり，産業集積を形成すればものづくりは成功するかのように捉えられがちであるが，集積が必ずしも競争優位につながるわけではない。本章では，先端産業と伝統産業とに通底する産業集積のビジネス・システムを捉えることを目的として，2004年以降継続してきた産業集積に関する調査研究（大木 2009. 2017, 日置他2019）の中から，特徴的な事例を紹介していきたい。

①　シリコンバレー

シリコンバレーは米国サンフランシスコ半島の広大な場所に新興企業や技術系のグローバル企業が密集する地域の総称で，軍事，半導体，PC，IT，バイオ，環境，AIと時代と共に主要産業のドメインを移しながら進化してきた集積地である。Apple, Google, Cisco Systems, Meta（旧称Facebook）などの大企業が点在するが，中核で支えるのはスタンフォード大学で，官民からの助成金に支えられ，ポスドクや研究員を中心に膨大な数の研究開発プロジェクトが進められてきた。その結果，スタンフォード大学の卒業生や教授陣を中心としたスタートアップ企業群が広大な大学の敷地内に軒を連ねている。シリコンバレー一帯において，アイデアを創造するための知識の共有が盛んで，人とアイデアが常に移動している。資金調達，法律関連サービス，オフィス設立のアクセシビリティは起業家を魅了し，豊かな自然と充実した住・教育環境も相俟って，世界中から優秀な研究者・技術者が集まってくる好循環は，集積のモデルともなってきた。もっとも，シリコンバレーの家賃高騰やサンフランシスコからシリコンバレーへの通勤の激しい道路渋滞もあって，近年ではサンフランシスコにスタートアップ企業が集まり，サンフランシスコがIT企業を中心に勢いのある集積地となっている。大企業の中にはHPE（ヒューレット・パッカード・エンタープライズ）のようにシリコンバレーから本社を移転させた企業もあるが，代わって新たな企業がアイデアを生み出し，それを実現するために仕事を采配するプロデューサーとなっていく。こうしたリーダー企業やドメインの交代を続けてきたシリコンバレーの集積地としての優位性は未だ健在である。

米国では研究の早い段階で論文や特許申請が行われ，その後は研究内容を公開して研究者コミュニティからのフィードバックにより開発を進める方法が一般的である。だからこそシリコンバレーのように，信頼できる研究・開発技術者とのフェース・トゥ・フェースの情報交換の「場」が，シンポジウムのような公式の機会ばかりでなく，プライベートの生活の中でパーティーや子供の教育を通しての交流などでも盛んにセッティングされていることがポイントとなる。博士号を有する人口の比率が高く，研究開発という興味や生活水準の同質性を保ちながら，人と違うものを好むというカリフォルニアならではのクリエイティブな精神を共有し，ダイバーシティのダイナミズムをうまく活用することで，シリコンバレーではイノベーションの創出を続けている。

②　クレモナ

イタリアのクレモナはヴァイオリン製作の集積地として知られている。クレモナはアマティやストラディヴァリといった名匠が誕生し集積地として栄えた歴史があり，一旦はヴァイオリン製作が途絶えたものの，1938年には国立国際ヴァイオリン製作学校が設立され，再びヴァイオリン製作のメッカとなることが目指された。製作学校や産地の活性化の支援に大きく寄与したのは，事業で財を築いたスイス人の実業家で，現在もスタウファー財団として故人の意思を継ぎ産業集積への財政支援を続けている。学校設立当初は，道具も技術も原材料も皆無であったが，初期の卒業生数名が中心となって技術開発をスクラッチから始め，楽器製作の暗黙知を形式知として教授する方法論をある程度確立したことで，1970年代以降ようやく集積地としての活気を取り戻し，現在ではヴァイオリン製作随一の産地となっている。

栄華を極めたストラディヴァリの時代には，工房で多くの職人が分業により製作していたが，機械化が進む中で，他の産地では量産楽器の製造に切り替えられていった。こうした世界的動向の中でもイタリアは手作り製作にこだわり続け，やがて衰退していった。しかし，現在もクレモナでは敢えて「一人の製作者による手作り」をモットーとしている。製作学校は世界に門戸を開き，内外の学生を問わず，無料でヴァイオリン製作の技術を習得させている。卒業後は母国に帰国する製作者もいるものの，多くはクレモナの工房で修業を積み，やがて独立して工房を構えている。イタリアはもともと起業家精神が旺盛なこともあって，外国人でも容易に工房を構え起業することができるため，市内の中心地には工房が集積している。

この集積地に留まるのは，楽器の製作過程での技術的なアドヴァイスを日常的に先輩や同僚に求めることができることに加え，世界中の大手楽器商やディーラーが楽器の買い付けにやってくることにある。そのため，大半の工房は在庫を持たずに製作に専念できている。製作学校が世界中から職人希望者を集めてきたために，これらの人材がやがては母国に帰って，クレモナ楽器の名を普及させることにも一役かってきた。楽器商やディーラーは，各地の消費者と集積地をつなぎ，時には売れる楽器づくりへのアドヴァイスをすることで，プロデューサーとしての役割も担っている。

多くの工房は一人または少人数で運営されている。製作者たちは一日の大半を薄暗い工房での製作に費やしている。一人ですべて手作業で製作できる台数は限られるので，さほど裕福にもなれない。こうした日々の生活の息抜きになるのは，近くのバールでの１杯のエスプレッソやワインくらいである。小さな集積地だからこそ，お気に入りのバールで，製作者仲間と会い，日常会話の中で技術や商売の情報交換もできる。製作者たちは，互いにライバルであり競争意識も強い。もっとも，辿っていけば，製作学校で教鞭をとり集積地の中心的役割を果たしている３名の教授陣[1]のいずれかの門下生にあたり，こうした同質性は集積地の協調も促している。このため，製作者が作る業界団体も機能しており，コンテストや展示会など世界から人々を集める大規模なイベントの主体となっている。こうした競争と協調の関係が，バランスよく集積地としての量産と製品高度化を促し，外部のプロデューサーが特に中間層の消費者のニーズと合致させることで集積として活性化してきた好例と言えよう。

③ 景徳鎮

中国の景徳鎮は，漢の時代から地元のカオリンを使った陶磁器生産が始まり，宋から明・清時代には官窯を中心として栄華を極めた陶磁器製造集積地である。このように長い歴史を持つものの，計画経済下で大工場に再編され，文化大革命により量産普及品の製造に移行したこともあって，過去の優れた技術の大半は喪失してしまった。こうした中，国家主導の政策と地方自治体の資金援助のもとで，再び陶磁器生産のメッカとすべく，景徳鎮陶磁学院が中心となって大量の製作者を養成するようになった。原材料の調達のしやすさや中国ならではの独立起業の風土もあって，市内には小規模工場が増え続け，仕事を求めて集まってくる人々により人口も急増して，産業集積も巨大化している。

景徳鎮の陶磁製品は量産品と芸術品に二極化されている。さらに芸術品は倣古品と創作芸術品に分かれており，いずれも分業体制により製造されている。分業は土練りから成形，絵付けに至るまで実に多くの工程から構成されており，量産品製造での一つ一つの工程を担うのは血縁・地縁を中心とした小規模工場である。芸術品でも成形までは外注することも多く，人間国宝級の工房では主に絵付けだけを担っている。

もっとも，景徳鎮の集積ではリーダーやプロデューサーの役割を果たす企業や人物は見当たらない。各人が独立独歩で商売に熱心ではあるが，集積のメリットとしての情報共有や情報の粘着性などは見いだし難い。食器類などの量産品は，中国の中産階級の広がりである程度消費とはマッチングしたものの，芸術品においては官僚の贈答品使用が禁止されて以来，需要を見いだすことができず市場発掘が出来ていない状況にある。国宝級の作家は複数いるものの，個々人がリーダーシップを発揮するには集積が巨大過ぎる感はあり，小規模企業が中心のために，集積しても結局は身内の利益を優先することになっていて，全体としての方向感が定まっていない状況にある。各々が独自の流通ルートを開拓しているので競争意識も低いが，他方，協調を促すような業界団体や支援団体も見当たらない。行政主導で国際博覧会など大規模なイベントや陶磁博物館などの施設の充実も図られてはいるものの，やはり集積地には消費者と集積地内の企業を結ぶプロデューサー的機能の存在が必要だと感じられる事例である。

⑶　日本の産業集積地の動向

次に日本の伝統産業の集積について見ていきたい。

①　有田

有田の陶磁器生産は豊臣秀吉が朝鮮半島から優れた陶工たちを日本に連れ帰ったことが契機となっており，景徳鎮に代わる陶磁の一大産地として世界に名を馳せた歴史を持つ。景徳鎮と異なり，その技法が途絶えることはなかったものの，量産品については近年の国内需要の激減により集積地ならではの難しさも抱えている。

有田ではクレモナとは異なり，「赤絵町」や「藩窯」として知られるように，その技術を門外不出のクローズドなものとして厳重に管理することで，献上用の優美な最高級品を製造し，これらを海外にも輸出していた歴史がある。一方で，有田では国内の大衆向けの量産品の生産体制も進められていった。生産は景徳鎮同様，多くの工程に分解された専業による分業体制で，いずれも家族規模の小規模企業により構成されている。伝統産業では一般的に生産地問屋と消費地問屋が存在し消費者に製品が流れていくが，有田の業務用量産品は７－８割が直接消費者に販売されてきた。かつてはこうした独自のルートを強みとしていたものの，業務用食器の需要が激減する中で，かえって集積地が消費者のニーズを学んだり，一般消費者を育てる機会を失ったりといった弱みにかわり，集積地は衰退の一途を辿ることになった。

とはいえ，有田で仕事を請け負う小規模企業が業績悪化を理由に廃業したいと思っても，容易に実行できるものではない。これは集積地の中で完全分業体制を構築してきたために，一つの工程を請け負う企業が廃業すれば，産地での製造自体が不可能になるためである。特に有田のような小さい町のコミュニティにおいて，生活できないからと勝手に廃業することは難しい。こうした状況を打破するために，企画商品シリーズの販売や有田焼400年の記念イベントの開催などが官民共同で進められてきた。有田のリブランディングを目指したクリエイターの育成に力を注ぐと共に，世界のデザイナーたちとのコラボレーションによる作品群を，窯元と商社の協働により海外の主要展示会に出展するなど，現状打破に努めている。

かつては登窯を持つ大きな窯元がいることで，窯焼きを通じてピア・レビューの機会もあったが，ガス釜の普及でこうした製品高度化のための機会もなくなってしまった。さらに，需要の激減で商社の力も急速に弱まっている。芸術的にはリーダー的存在の柿右衛門などの作家群もいるが，芸術品と量産品は集積の中でも乖離しており，深川製磁などの大企業もかつての力を持たなくなっている。かえって，古くから有田の下請け的存在であった隣町の波佐見のほうが，前面に名前を出してこなかったがために，身動きも可能なようで，現代の食生活に合ったシンプルなデザインの器の提案など，産地内部からの変革を成功させている。

有田のような完全な分業体制を構築した産業集積では分業の一端を担う新たな起業も難しいが，既存企業が廃業することはさらに難しく，需給のバランスが崩れると動きが取れなくなることがわかる。こうした硬直性を打破するためにも，食器のようなコモディティの産業集積地ではマーケットインの発想が欠かせない。そこには，市場発掘や消費者への提案ができるようなプロデューサー的機能が必要とされる。

②　西陣

京都の西陣は日本を代表する伝統的な織物産業の集積地である。西陣の織物は，20工程以上に細分化された専門分業により製造されている。京都は都として栄えてきた長い歴史を持ち，西陣の織物も，皇室や寺社仏閣京都の町衆大坂商人など，多様なハイエンドユーザーたちのニーズに応えるべく発達してきた。そのため産地の製法を一つに限定せず，綴（つづれ），緞子（どんす），朱珍（しゅちん），絣（かすり），紬（つむぎ）といった多様な製品を可能とする生産システムを構築してきた。西陣では産地問屋である織元企業がプロデューサー的な役割を果たしており，デザインから職人の采配，卸問屋への販売まですべての責任を持ちつつ，各工程の職人たちへの金融業も兼ねている。近年では着物需要の減少によりクラスターにもかつてのような活気がなくなったが，危機感を感じた織元の若手後継者たちがリーダーシップを取り，デザイナーとのコラボレーションや新たな製品への転用などを含め，産官学連携による新たな展開を模索している。

2　産業集積地に共通する課題

(1)　成功の要件

産業集積が産地として機能するためには，①技術開発のための十分な資金的支援体制，②ブランド力，③量的市場規模，④技術人材層の厚さと育成体制が前提となる。財政的支援については，シリコンバレーでは官民による多額のプロジェクト資金援助，クレモナでは財団による多額の資金援助，かつての景徳鎮では官窯，有田では御用窯の設置などがあった。ブランド力は，長年の産地としての歴史や伝統により確立されるものであり，消費者の信頼につながる。量的な市場規模は，こうしたブランドにつながるネームバリューを形成するためにも重要である。また集積地のドメインを司る技術者や職人など技術人材を育成するための大学や専門学校の設置のみならず，外部からも優秀な人材が集まるような環境的にも魅力ある集積地となることが要件となる。

(2)　失敗の要件

では成功する集積地と失敗する集積地の違いはどこにあるのだろうか。集積地は元来成長期の市場の需要を満たすために構築されることが多いが，市場が成熟して縮小する段階に入ると，市場とのマッチングがより重要となる。産業集積を構築した以上，少なくとも中間層以下のボリュームゾーンをターゲットとしていく必要があると同時に，リードユーザーであるハイエンド向けの高品質な製品やサービスにおいて競争優位を確立することが求められる。シリコンバレーのような先端産業の集積地では，マニアックな賢いユーザーが厳しい批評家として開発にも一役かっており，リードユーザーのニーズを満たすことで追随するボリュームゾーンをうまく取り込むことができている。

伝統産業においても，フィードバックにつながるような鑑識眼ある消費者のニーズを満たし，中間層に量産品を普及させる展開が必要となる。かつての景徳鎮では王朝が，有田では藩や各国の王族が，クレモナでは王室が，西陣では皇室や大坂商人がハイエンドユーザーであり，厳しい注文をつけながら，金に糸目をつけずハイエンド製品を買い取るという意味では集積地の技術開発のためのスポンサーでもあった。現在では，伝統工業品では骨董品市場での顧客の眼は肥えているものの，ハイエンド向けの現代芸術品や高級品を購入する層は厚くはなく，集積地がさらなる製品の高度化を目指すためのインセンティブになっていないように見受けられる。コモディティ市場では消費者を中間層からハイエンドに向けて誘導し，集積地のフラグシップ製品を購入させるような仕組みづくりが重要となる。

こうして考えると，産業集積にとって必要なのは，集積地と消費をつなぐプロデューサー的機能であることがうかがえる。日本の伝統型集積地では完全な分業体制が構築されてきたがために，シリコンバレーのように必要に応じて連携企業を変えるような柔軟な組織とは言えず，消費の変化に対応する形で新たな展開を生み出すプロデューサーが圧倒的に不足している。新たに分業体制の中に入り込む参入障壁は高い一方で，こうした産地と消費地をつなぐようなプロデューサー的企業のスタートアップが，集積地からも強く望まれているところである。近年ではデザイン思考が注目されているが，日本のものづくりは素晴らしい技術に支えられたプロダクトアウトの発想で進められてきた結果，AppleやGoogleのようなユーザーインターフェイスの美しさに注力してこなかったことが競争優位を喪失した一つの要因とも言われている。本来であれば集積内部から新たな連携や展開についての発想が生まれてくることが望ましいとも言えるが，硬直化した集積地のコミュニティの中で少しずつ変わっていこうとするよりは，外部のプロデューサーを導入したほうがうまく機能することもある。また，喫緊の課題として危機に瀕している産業集積地が多いのも事実であろう。

日本各地に点在する行き詰まった数多くの集積地を市場と再びつなげるためにも，既存の人間関係や販路などを尊重しつつ，これに囚われることなく人に優しい，美しいものづくりやサービスを提供するための新たな連携の構築が必要となる。そこで重要となるのが，クリエイティブなインキュベーションの存在である。

3 インキュベーション・プロデューサーに求められる能力

インキュベーションとは「起業及び事業の創出をサポートするサービス・活動」を意味する。インキュベーションを提供する団体・組織はインキュベーターと呼ばれ，ベンチャーキャピタルや自治体，大学内などに設置されている。インキュベーターの目的は，新たなビジネスを始めようと考えている人や企業に対し，不足するリソースである資金，オフィス，ソフトなどを提供し，事業の成長を促すことにある。もっともHackett and Dilts (2004)が指摘するようにビジネスインキュベーション現象についての研究の歴史はまだ浅く，インキュベート先やインキュベーションの成果については十分な蓄積がされているわけではない。

これまで述べてきたように，我が国の産業集積地に絶対的に不足しているのが，産業と消費をつなげるプロデューサー的機能である。従って，集積地に必要なのは，こうした産地に不足するリソースを提供し新たなビジネスの展開につなげることができるインキュベーション・プロデューサーであると言える。伝統型集積地の多くは，衰退市場にありながらスリム化できないジレンマを抱えている。グローバルな市場に展開していくためには，グローバルに通用する美的センスを導入し，技術と感性を融合させるものづくりに移行して市場を拡大するしかない。近年では製造に関わる大企業も自社ですべてのものづくりを完結させることは少なく，プロデュース的機能をコアコンピタンスとして残し，外部の企業との連携を強めている。ものづくりの大企業も，伝統型産業集積も，技術力以上にプロデュース能力が重要となってきている。

こうした集積地のインキュベーション・プロデューサーに必要なのは，ハイエンドと中間層の双方のニーズを追求することのできる構想力である。ハイエンド製品は技術革新に不可欠であるが，ビジネスとしては中間層のボリュームゾーンをしっかりとつかむ必要がある。これまでのインキュベーションは起業のための施設を提供するといったインフラ的な意味合いが強かったが，さらに踏み込んで自ら商売のリスクを取っていくようなインキュベーション・プロデューサーが求められている。プロデューサーの仕事は，自らは演奏せずにオーケストラに魔法をかける指揮者[2]のようなもので，単に優秀な機能としてでは十分でなく，強烈な個性が望まれている。その上で，結果が出せる能力，即ち人的ネットワーク，資金調達能力，リーダーシップなどをもって信念を実現し，社会に認めさせる力が必要となる。圧倒的な独自性を発揮しながら，ビジネスと技術開発を推進するインキュベーション・プロデューサーが産業集積地とタイアップできれば，そこで新たなビジネスが生まれ，スタートアップ企業が誕生する余地も生まれてくる。

シリコンバレーのようにドメインを変えながら長きにわたり成長を続けるクラスターを支えるのは不屈の起業家精神であり，我が国も頑強で創造性の高いインキュベーション・プロデューサーとなるプロフェッショナルを育てていくことで，世界と張り合う可能性を広げることになるだろう。こうした圧倒的な個性を有する人材を育成することこそ，起業を推進するための我が国の教育環境や社会的な課題である。

注

1　Gio Batta Morassi, Francesco Bissolotti, Daniele Scholariの３名
2　大木裕子（2008）『オーケストラの経営学』東洋経済新報社

参考文献

伊丹敬之・松島茂・橘川武郎編（1998）『産業集積の本質―柔軟な分業・集積の条件』有斐閣

大木裕子（2009）『クレモナのヴァイオリン工房―北イタリアの産業クラスターにおける技術継承とイノベーション』文眞堂

大木裕子（2017）『産業クラスターのダイナミズム―技術に感性を埋め込むものづくり』文眞堂

大木裕子（2021）「プロフェッショナルな組織に学ぶ中小企業の人材開発」商工総合研究所『商工金融』71（12），pp.4-20

日置弘一郎・大木裕子・波積真理・王英燕（2019）『産業集積のダイナミクス―ものづくり高度化のプロセスを解明する』中央経済社

Hackett, S.M., Dilts, D.M.（2004）A Systematic Review of Business Incubation Research, *Journal of Technology Transfer*, 29, pp.55-82

Krugman, P.（1991）*Geography and Trade*, 1st MIT Press paperback ed., Cambridge, Mass.: MIT Press.（北村行伸，高橋亘，妹尾美起『脱「国境」の経済学：産業立地と貿易の新理論』東洋経済新報社，1994年）

Lee, C-M, William, M.F. Miller, Hancock M.G., Rowen H.S.（ed.）（2000）*The Silicon Valley Edge: A Habitat for Innovation and Entrepreneurship*, Stanford, Calif.: Stanford University Press.（中川勝弘監訳『シリコンバレー―なぜ変わり続けるのか（上）（下）』日本経済新聞社，2001年）

Marshall, A.（1890）*Principls of Economics*, London: Macmillan and Co.（永沢越郎訳『経済学原理』信山社，1985年）

Piore, M.J., Sable, C.E.（1984）*The Second Industrial Divide: Possibilities for Prosperity*, New York: Basic Books.（山之内靖他訳『第二の産業分水嶺』筑摩書房，1993年）

Porter, M.E.（1998）*On Competition*, Harvard Business School.（竹内弘高訳『競争戦略論Ⅱ』ダイヤモンド社，1999年）

Saxenian, A. (1994)　*Regional Advantage: Culture and Competition in Silicon Valley and Route 128*, Cambridge; Harvard University Press.（大前研一訳『現代の二都物語—なぜシリコンバレーは復活し，ボストン・ルート128は沈んだか』講談社，1995年）

第4章

（佐藤辰彦）

知財戦略：意欲ある個人・プレイヤーが成長するためのスタートアップ

課題：プレイヤーの知財への認識が進んでいない

スタートアップは知財制度の改革に呼応して戦略的に知財化を進める流れができてきている。

しかしながら，いまだ先進的スタートアップに限られており，同じ分野でも知財の集積が少ない企業が多い。これは，プレイヤーの知財に対する認識がまだまだ進んでいないことが要因である。

知財競争の激化の中で知財対応が遅れれば事業としての成功は限られてくる。

提言：知財マネジメントを行う経営の勧め

この競争に打ち勝つためには知財を事業の競争力にする知財マネジメントを行う知財経営が必要である。そのためには知財マネジメントができる体制（人・組織・力）作りが不可欠である。知財マネジメントがうまくできるかが事業成長のカギであり，知財マネジメントを学習し，自社の知財経営を確立することが望まれる。

1 現状認識と課題

(1) 現状認識とスタートアップの位置づけ

デジタル化やグリーン化の急速な進展は，“技術をいかに機動的かつスピーディーにグローバルに社会実装させるか”という「イノベーション・スピード競争」をもたらしている。その中で，日本は知財・無形資産の投資・活用によって製品・サービスの差別化を図るビジネスモデルを構築できてこなかった結果，日本の企業のマークアップ率は諸外国に比べて低く，そのことがさらに，新たな知財・無形資産の投資を抑制させてしまうという悪循環が生じている。このため，長期にわたり産業の活性化が図れないできている（知的財産推進計画2022）。そこでは，これまでの大企業の成功体験がイノベーションのジレンマとなり，大企業中心の産業構造の改革が遅れているため大きな成長が望めないでいる。

そこで，現状打破のためには，リスクをとって独創的な事業を目指すスタートアップの育成が必要との認識のもと，岸田内閣は新資本主義の在り方としてスタートアップ育成に注力する政策を打ち出している[1]。同時に，イノベーションの源泉が大学になるとして，大学がイノベーションの原動力になるような改革を目指す方針を打ち出した。

⑵ 最近のスタートアップの知財状況

① スタートアップの知財の競争が激化

スタートアップの知財の競争が激化している。ドローン関係のスタートアップの知財先進企業[2]は直近5年間で80件以上の特許出願を行い，各社60件以上の特許を取得している[3]。特許出願件数は開発成果の現れであるが，資金的に手薄なスタートアップの特許出願が年間20件近い件数になることはこれまであまり見られなかったことである（**図表4-1**）。

図表4-1　スタートアップの先進企業の特許出願動向

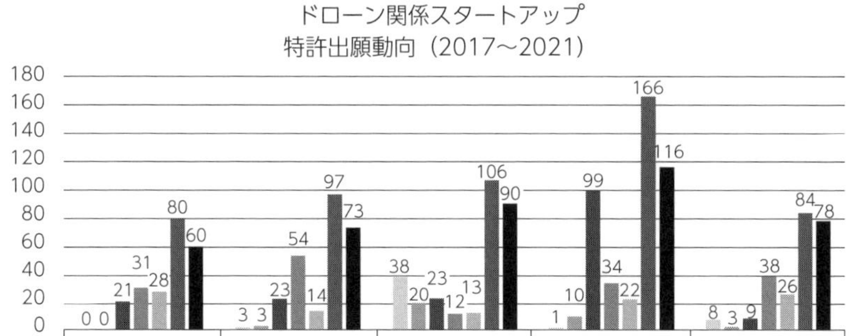

ドローン関係スタートアップ
特許出願動向（2017～2021）

	センシンロボティクス	ナイルワークス	プロドローン	エアロネクスト	楽天グループ
2017	0	3	38	1	8
2018	0	3	20	10	3
2019	21	23	23	99	9
2020	31	54	12	34	38
2021	28	14	13	22	26
出願数合計	80	97	106	166	84
特許件数	60	73	90	116	78

この分野でのスタートアップの先進企業では自社の開発分野を特許で独占することで競争力を獲得する熾烈な争いが進んでいる。これは有形資産を持

たないスタートアップにとって知財は唯一の財産であり，競争力を確保することで投資を誘引し成長しようとする強い動きが生まれてきているためである。知財が投資を生み，その資金で開発・知財化が進む循環ができてきている。この動きはここ数年の大きな変化である。

② ビジネス関連特許の競争激化

これまでの特許は技術を独占することが手段であった。しかし，技術が多様化しいろいろな技術で事業ができるようになり，技術を押さえるだけでは競争力を持てなくなった。そこで「ビジネス関連に必要な事業モデルを策定する。それを先行して開発し特許化することでビジネス市場の支配力を優位にする」戦略が進み，ビジネス関連特許の出願が増大している[4]。このような動きはテック系スタートアップだけでなくネットビジネスでは顕著である。

③ 知財が事業を生む

知財の開発で事業が生まれる。メドケア株式会社（東京都豊島区：資本金967百万円）は2015年４月創業の生活習慣病を中心にした遠隔診療システムを運営する未上場のベンチャー企業である。2017年のサービス開始以来，生活習慣病に特化したオンライン診療サービスや，医療機関へ通うことなくスマホで診療が受けられるオンライン禁煙外来などを，健康経営を目指す企業および健康保険組合の組合員に提供している。

経営者である社長は医師であり，病院に頻繁に通えない患者の様子を見て，通院しなくとも診察を受けられるインターネットを活用した「遠隔診療」を考えた。医師側もインターネットを通じて診察することができ便利である。しかしながら，遠隔診療システムを構築する費用，その運営管理の費用が掛かり，患者にこれが転嫁されると医療費が高くなる不都合がある。そこで，この費用を健保組合に負担して貰うことを思いついた。患者が「遠隔診療システム」を利用して頻繁に診療を受ければ，診療の効果が上がり，健保組合が医療機関に支払う医療費が低減される。その低減される医療費が「遠隔診療システム」の経費よりも低額であれば健保組合は利益がある（**図表４-２**）。そこで，医師と患者と健保組合をプレイヤーとした「遠隔診療システム」の特許出願を行った。スタートアップ企業ということで早期審査を申請し2016年３月に出願から６か月の審査期間で特許6019296号（基本特許）が認められた。

この特許が2016年11月に特許公報に掲載されたところ，この公報を見た大手企業から連絡があり，この特許を事業化したいと申し出があり，早速事業化を進めることとなった。その結果，翌年2017年４月ごろには事業立ち上げのめどが立った。ところが，提携した大手企業からの投資が受けられないこととなった。そこで，他の企業に出資を求めたところ，ウエルインベストメント株式会社，オリックス株式会社，合同会社RSIファンド１号（株式会社リクルートが運営する投資子会社）が出資した。その資金で事業を立ち上げ

図表４-２　メドケア社のビジネスモデル

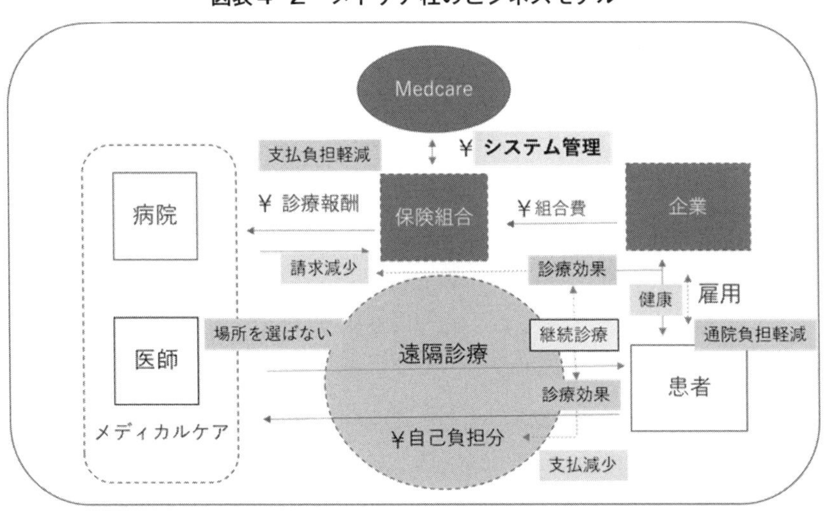

たところ，2018年５月には第三者割当増資等により株式会社ココカラファイン，三井物産株式会社，三菱UFJキャピタル株式会社，株式会社ユーグレナ，SMBCベンチャーキャピタル株式会社が追加投資した。2019年６月段階で，全国の健保組合の約１割と契約をしている[5]。

④　知財活動の高度化

スタートアップ等の知財活用を効果的にするために，近年，特許制度や支援策などの改革が進められてきた。これらの制度改革や支援事業を効果的に活用するか否かでスタートアップの成長が左右される。

特許の出願は，出願件数の減少と特許庁の審査促進により，スタートアップの出願について早期審査を適用すると，出願の審査結果が数か月で得られることが定常化している。特許出願は出願から18か月後に全件公開されるが，公開前に審査結果が分かれば出願の出し直しや国内優先制度を利用した再出願などができ，より適切な権利化が狙える。これまで出願公開後に審査結果が出ることが定常であった10年前には想定できなかった状況となっている。

2006年法改正により，特許査定後に分割出願することが可能となり，１つの特許だけではなく，その周辺特許を分割出願で獲得できるので，特許ポートフォリオを適正に構築できるチャンスがある。基本発明のみならず，その周辺発明を保護するために，１出願の発明を分割することで多面的な特許を取得することが可能となり，他社の参入障壁となる強い特許ポートフォリオを構築することも可能となっている。

意匠登録制度も2019年法改正で大きく変化している。これまでは工業製品の意匠・デザインを保護する制度であったが，ネットビジネスでのデザイン保護のため，物品の外観に関係なく，画像の意匠が登録可能となり，動産に限られた意匠を不動産の建築物や建築物の内装まで保護対象を広げたなど，保護範囲が大きく広がっている。

意匠の権利のポートフォリオの構築も，2019年法改正で関連意匠制度が拡張され，1998年法改正で導入された部分意匠制度などを戦略的に活用することで多面的な権利を取得できるようになっている。

保護される商標は，文字商標，図形商標，立体商標およびこれらの結合商標等であったが，2014年改正で，「音商標」，「色彩のみからなる商標」，「ホログラム商標」，「動き商標」，「位置商標」の５タイプの商標が導入された。ブランドの保護については，これまで商標登録による保護が中心であったが，「地域団体商標」や「地理的表示（GI）」制度などの多面的な保護が可能となった。

このような環境で競争力強化のために，各種の知財を多面的に活用する「知財ミックス」が行われてきている。

⑤　課題

このようなスタートアップの知財競争の激化は，知財制度の改革に呼応して戦略的に知財化を進める流れができてきていることを示す。しかしながら，まだまだ先進的スタートアップに限られており，同じ分野でも知財の集積が少ない企業が多い。それは，プレイヤーの知財に対する認識がまだまだ進んでいないことが要因である。このような知財競争の激化の中で知財対応が遅れれば事業としての成功は限られてくると言ってよい。知財の競争はその事業分野を支配する競争力を獲得するためであり，開発なくして成長はないが知財なくして事業の成功はないと理解すべきである。

2 知財マネジメントのすすめ

(1) 「守りから攻めへ」の方向に知財戦略が進化

スタートアップが競争力を持ち，その知財で投資を呼び込み，さらに成長するためには，知財を戦略的に活用する『知財マネジメント』が必要である。この知財マネジメント力が事業の成功を左右すると言って過言ではない。しかしながら，スタートアップの中ではいまだ，知財に対する理解や認識が低い企業が多く見受けられ，その成長が懸念される。

知財マネジメントではよく「攻めの知財戦略」と「守りの知財戦略」とが議論される。

もともと知財の権利は，自社製品やサービスを「権利化」し「防衛」する，“守り”がこれまでのあり方であったが，近年，競争激化で「知財の権利を市場競争力強化のための手段」として活用する，「守りから攻めへ」の方向に知財戦略が進化している。

先に紹介したドローンのスタートアップ企業の動きのように，知財の権利・制度を戦略的に活用できるかが事業の生死を決めるとの認識が高まっているからである。

知財マネジメントの柱は事業戦略と研究開発戦略と知財戦略との「三位一体の経営戦略」で，知的財産を自社の競争力の源泉として経営戦略の中に位置づけ知的財産を事業活動に組み入れることで，収益性と企業価値の最大化を図ることである。

これがあってこそ，知財の創造・保護・活用の知的創造サイクルがうまく

図表4-3　商品デザインの知財戦略

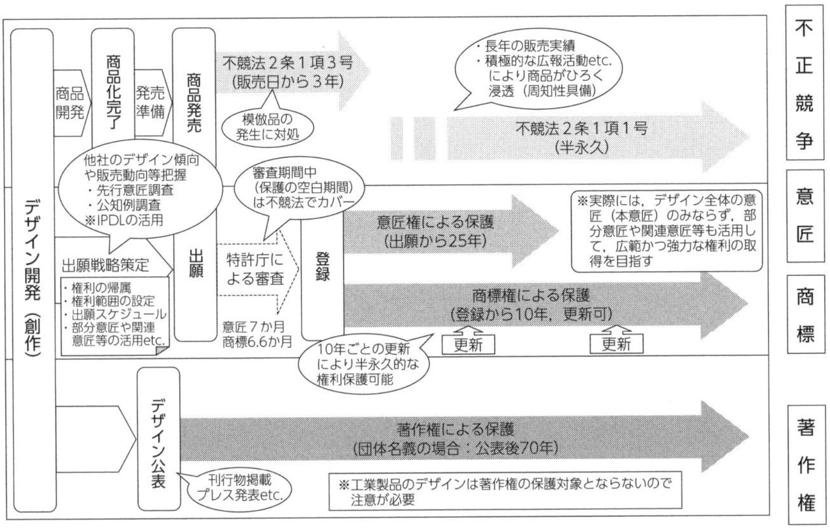

様々なデザインに関係する法律による製品デザインの保護のモデルケース
出所：特許庁『平成18年度デザインの開発・管理・保護・出願戦略に関する調査報告書』（筆者一部修正）

回り事業が成長できる。

(2)　守りから攻めに，知財の総合力で勝つ：知財ミックスマネジメント

「男前豆腐店」は，「事業戦略」を立て，それを実現する「開発戦略」があり，それを有効に競争力にするために「知財戦略」を進めた。事業戦略として豆腐市場の過当競争からの脱出を目指すために20，30代の世代をターゲットとし，従来にないイメージの商品化を狙う。そのための豆腐の味付け（技術），商品のパッケージ（デザイン），商品のネーミング（ブランド）を工夫考案する開発戦略を立て，これらの開発成果を知財の権利で保護することで競争力を確保した。「守りから攻めへ」という観点で「知財の総合力で勝つ知財ミックス」の事例である[6]。

図表4-4　関連意匠制度の活用

(3)　守りから攻めのために知財の仕組みの戦略的取組みで勝つ知財マネジメント

守りから攻めのために知財の仕組みの戦略的取組みで勝てる知財マネジメントが必要である。「商品企画を進める」場合，その商品のデザインやブランド名を開発すると同時にそのプロモーションをして市場化する。そのときは，知財として，「意匠・デザイン」「商標・ブランド」「不正競争」「著作権」が絡んでくる。これらの権利保護を効果的にするためにはその開発状況に応じて，権利化・保護をするマネジメントが必要となる[7]。

各制度はそれぞれ知財をより効果的に保護するためにいろいろな仕組みを持っている（**図表4-3**）。

例えば，**図表4-4**のRootsの缶のくびれのデザインは独特であるが，これを他社が似たようにデザインを創るのを阻止するのには，そのデザインの周りを守る関連意匠登録を利用するなどの工夫が必要である。

特許・意匠・商標のいずれの制度にも，より戦略的に権利化することができる制度が多数あり，これを効果的に活用するマネジメントをすることで強い権利のポートフォリオが構築できる。

⑷　攻めの知財を創る競争力のある知財ポートフォリオ

攻めの知財を創る。１つの特許で事業の競争力を得るのは稀である。基本発明の周辺を複数の特許で守り固めるポートフォリオ（特許群）を作ることで，他社の参入を防いで市場を独占できる。「守りから攻め」のためには開発スピードと知財戦略が必要である。開発スピードで勝てない限り知財も力を持てない。開発でリードすることが強い知財ポートフォリオの獲得につながり，知財の力を強くする知財戦略が成り立つ（後記する株式会社キンセイ産業（群馬県高崎市）の事例：第３節⑴参照）。

⑸　攻めの知財を創るビジネスモデル特許

「攻めの知財を創る」点について，いま「ビジネスモデル特許」が重要視されている。これまでの特許は技術を独占することが戦略であった。しかし，技術が多様化しいろいろな技術で事業ができるようになり，技術を押さえるだけでは競争力を持てなくなっている。そこで「ビジネス関連に必要な事業モデルを策定する，それを先行して開発し特許化することでビジネス市場の支配力を優位にする」ことが強調されている。

フリマアプリのメルカリ社はビジネス関連特許を集中的に出願している。

図表４-５　メルカリ社の特許出願動向

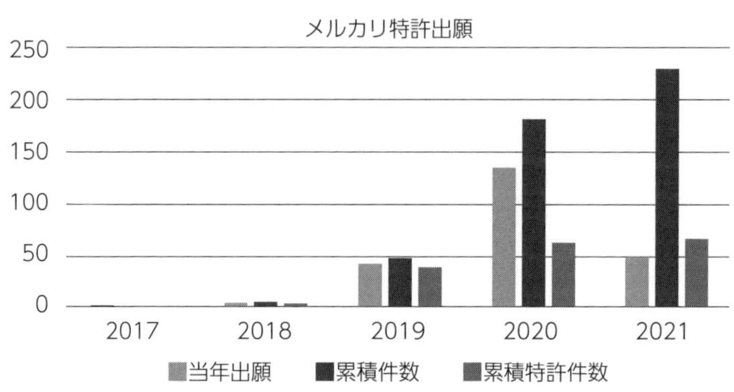

メルカリは2016年からビジネス関連特許出願を行い，これまでに2017年１件，2018年４件，2019年42件，2020年134件，2021年49件の出願を行っている（**図表４-５**）。これは事業を多面的に知財で権利化することが事業の競争力強化につながることに気が付き権利化を進めているとみてよい[8]。

⑹　攻めるために守る，知財のリスクを管理する

攻めるために守る，には知財のリスクを管理することが肝要である。いろいろな知財に基づく事業リスクがある（**図表４-６**）。これには研究開発の段階，権利化の段階，活用の段階に応じたリスクがあり，この知財リスクをうまくマネジメントしないと事業が立ち行かなくなる。特に他社特許などを侵害して紛争に巻き込まれると事業がストップしてしまう。このようなリスクを回避するためには，開発段階から事業化までそれぞれの段階で調査をして，未然にリスクを回避するマネジメントが必要となる。

図表４-６　知財の事業リスク

研究開発段階のリスク	権利化段階のリスク	活用段階のリスク
1．発明者との紛争 ①発明の帰属に関する紛争 ②職務発明の対価に関する紛争 **2．情報汚染のリスク** ①元他社社員の持ち込む情報のコンタミネーション ②売り込み文書の管理 **3．情報セキュリティ** ①出願前の技術情報管理 ②営業秘密としての管理 ③ノウハウの管理 **4．研究開発の断念のリスク** 他社の先行特許群が商品化を断念させる	**1．特許権等の特質** ①特許権等の権利は管理しないと失われる ②権利の内容は審査・審判・訴訟で決まる ③権利が突然無効になって権利が失われる **2．権利化のリスク** 権利化の失敗 **3．権利維持のリスク** 権利の棚卸し→知財コストの管理 **4．権利の共有・共同出願のリスク**	**1．提携事業のリスク** 事業提携の契約締結の各段階でのリスク 秘密保持契約→技術提携契約→販売提携契約 **2．特許ライセンス契約のリスク** 不当な権利行使→販売価格の制限・改良発明のグラントバック **3．他社特許との紛争のリスク** 無防備な市場化は紛争を起こす

3　知財マネジメントの成功事例

(1)　株式会社キンセイ産業（群馬県高崎市）

株式会社キンセイ産業は「産業廃棄物の焼却炉の発明」で成功している。数名の社員と創業した事業が全国制覇している。この産業廃棄物の焼却炉の発明は「乾溜ガス化燃焼」というこれまでにない発明である。そして**図表４-７**の中央にある「乾溜ガス化燃焼」の基本特許の周りに周辺特許・応用特許32件で取り囲むパテントポートフォリオが構築されている。このため，競合会社はこの事業分野に参入することができない。

図表4-7　キンセイ産業の特許ポートフォリオ

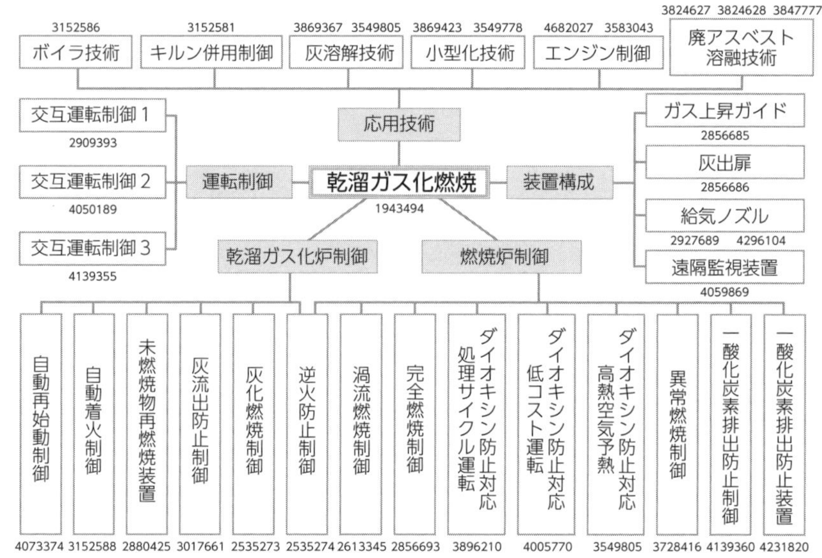

このようにできた経緯は，1988年に基本特許を出願したことに始まる。そのとき，基本発明の特許の障害になる先行技術は１つしかなかったので，先行技術を回避して基本発明の特許化を実現することができた。特許出願は１年６カ月で公開される。公開されるとそれが次の出願の障害になることがある。そこで先の特許が公開される前に，次の開発成果を特許出願することを繰り返した。その結果，**図表4-8**に見られるように，他社の特許の参入を阻止して，34件の特許が成立した。基本特許が2008年に消滅したが，他の特許が沢山残っているので，他社は参入できない。

海外でも欧米アジアの各国で44件特許出願中44件が特許許可された。海外展開のためのライセンス戦略はこれらの特許を基礎として現地で製造できるパートナーを探し，中国・韓国・台湾・アメリカ・インドにおいてライセンス契約により，海外での事業展開を行ったことにある。海外展開のための事業戦略としては，日本の大手企業の海外の工場で製品が採用されたことによ

図表４−８　キンセイ産業の特許出願経過

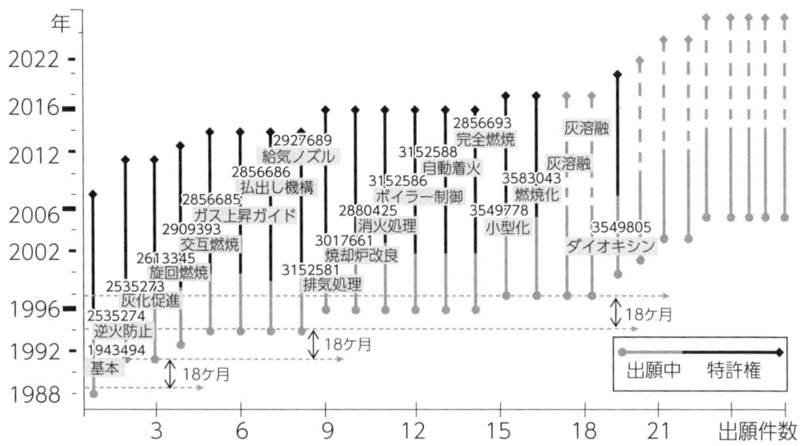

り，日本の大手企業の海外工場に設置された製品をPRすることで，海外市場を拡大した。

⑵　フロンティア・ラボ株式会社（福島県郡山市）

フロンティア・ラボ株式会社の事業内容は，分析機器のガスクロマトグラフに関する研究開発/製造/販売である。**図表４−９**に見られるように，特許の蓄積に比例して市場占有率が増加している。主力製品熱分解装置の市場占有率は，国内が約90%，海外が約60%。グローバルニッチトップ企業として国からも認められている。

図表４−10に見られるように，主力製品である熱分解装置について製品開発すると同時にその周辺製品の開発，それを使った分析技術・分析されたデータを解析する技術の開発を行い，それに関する特許を獲得するマネジメントをしている。

図表4-9　特許出願数と市場占有率〈創立期から今日まで〉

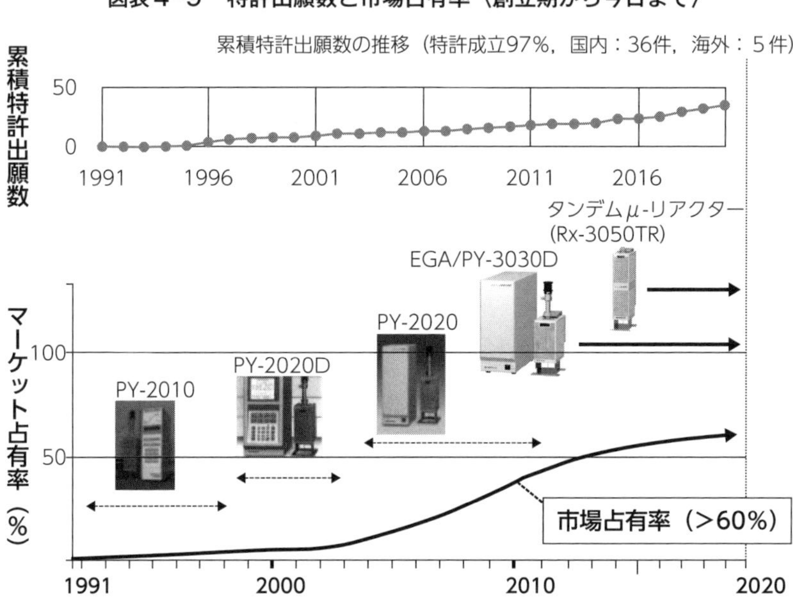

フロンティア・ラボ社作成（2022）

図表4-10　フロンティア・ラボ社の特許ポートフォリオ

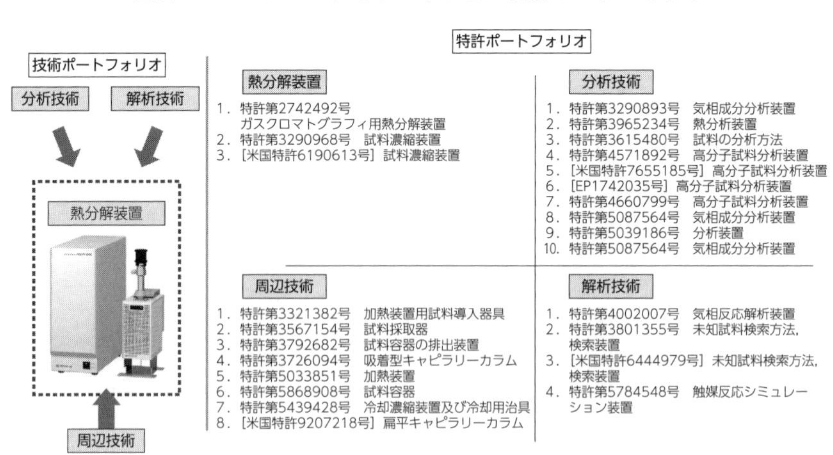

同社は，製品の機械設計などは行うが，製造は外部に製造委託して生産工場を持たないファブレスの研究開発型のビジネスモデルである。販売も大手ガスクロメーカーに委託販売してもらうことにより，営業マンなしで世界中に製品を販売している。

同社は知財マネジメントとして，大学等と研究開発して開発スピードを上げ，その成果を特許とし，また内外の学会で発表することでブランド化して他社への競争力を強化するオープンイノベーションで開発スピードを上げている。そこでは①研究開発を大学等の支援を受けてドライブする。②その成果を特許化し，競合他社が手を出せないようにする。③同時に学会で発表して製品のブランド化を図る。④これらを通じて圧倒的な競争力を持つ。⑤学会発表等は製品のプロモーションとなり，外部企業への委託生産の製品を大手有名企業に販売してもらう。⑥また，ユーザーの声を聞きながら次の開発テーマを見つける。このようなサイクルがこの企業の知財エコシステムと言える（**図表４-11**）。

図表４-11　フロンティア・ラボ社の知財エコシステム

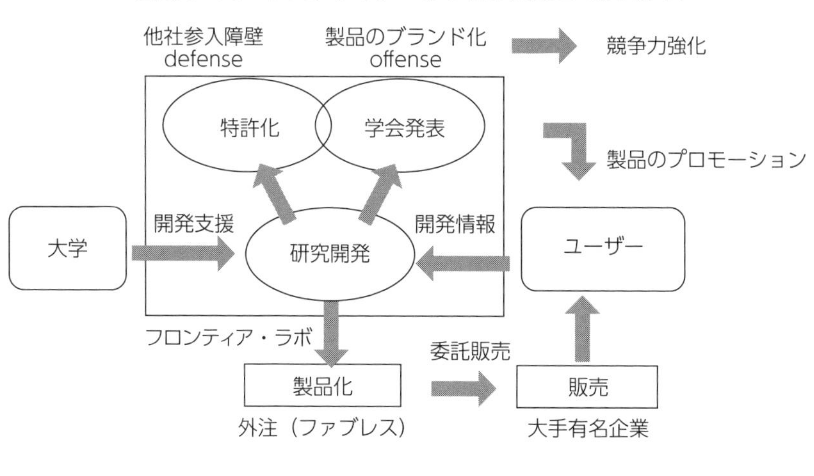

⑶　日本電産株式会社（現ニデック，京都府京都市）

1兆6,000億円以上の売上のある精密小型モータを開発・製造・販売する日本電産は社員4名，小さなプレハブ小屋からスタートした地域ベンチャーである。この会社のHP[9]をみるとしっかりビジネスユニットごとに，経営・開発・知財の各観点で「三位一体体制」を行っている（**図表4-12**）。

図表4-12　経営・開発・知財の各観点で「三位一体体制」

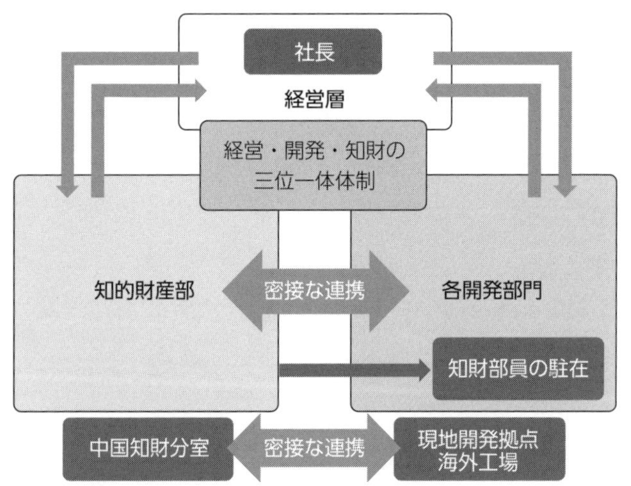

出所：日本電産HP（2022）

経営戦略の最大の特徴は，「シェアNo.1戦略」である。シェアNo.1かどうかで事業が変わると言っている。そのために①市場への一番参入，②競合に先駆けた技術開発，③コスト競争力の徹底追求を目指している。

そのため，①組織，権利の確保，権利の活用，知財活動のグローバル化の4分野で特許などの知的財産の確保。②有用な特許は，開発部門と知的財産部門とが密接に連携して1件1件の発明を精査する。③特許はビジネスを保護できてはじめて価値を成すとの考えのもと，発明発掘段階からビジネス上の有用性を問い，「使える権利」の確保。開発と知財との連携を重視し，開発された技術をいち早く知的財産部にて把握し，権利としての価値を最大化するよう，発明発掘から権利化までの活動を展開。④ビジネス上重要な開発テーマについては，特許取得活動自体をプロジェクト化し，弁理士のみならず弁護士の協力も仰いで各種手続を行う。⑤このような活動を通じて個々の特許の牽制力を極大化し，実効的な参入障壁の構築を目指している（「特許網の目作戦」)。今でも主力製品の特許が毎年300件以上成立している（**図表4-13**）[10]。

図表4-13　小型モータ関連の特許出願の動向

	2017	2018	2019	2020	2021
単年度件数	641	901	1,395	1,026	878
累積件数	641	1,542	2,937	3,963	4,841
モータ関連	196	372	534	390	301

4　知財マネジメントのために：知財経営を目指す

知財マネジメントを実行するためには経営の軸に「知財」を据えた「知財

経営」をすることが必要である。

(1) 戦略的な知財活動のために：四位一体のフォーメーションを作る

これを実行するためには体制作りが必要で，戦略的な知財活動のためのフォーメーション・体制を作ることが求められる。事業戦略と開発戦略と知財戦略の三位一体の経営のためには，それに関する経営者・開発者・知財担当者・弁理士との四位一体のフォーメーションを作る。企業の知財活動関係者（経営者・開発者・知財担当者）とそれを支援する弁理士との「活動の役割分担」を明確にして，自社の足りない分を，知財総合支援窓口などの外部支援機関の力を活用して補う体制の構築が事業を成長させる知財の構築と活用につながる（**図表4-14**）。

図表4-14　知財活動の四位一体のフォーメーション

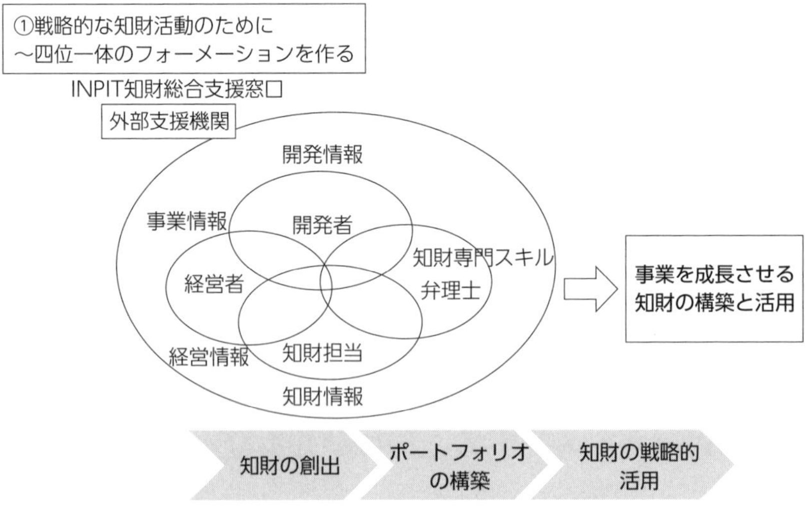

⑵　持っている知財の実力を知る：知財ビジネス価値評価

知財経営を行うためには，「持っている知財の実力を知る：知財ビジネス価値評価」が推奨される。経営力の源泉となる技術力や特許やブランド力等の知的財産と事業との関係性を評価する。そこから自社の知財の実力を把握することで「知財マネジメントの軸」が決まる。この評価は事業の置かれている内外環境を踏まえて「知財の強み・弱み」をクロスSWOT分析などで見える化することで把握できる。特許庁と金融庁が「知財ビジネス価値評価」の事業を行っており，これを利用するのが早道である。

この評価の前提として，「IPランドスケープ」が推奨されている。これは知財情報解析を活用して自社の知財を評価する手法である。その解析のための１つのツールとして，「課題」を解決する手段である「構成」に応じて特許の分布を見える化した課題構成マップなどを用いる。これから自社の知財のポジションがわかり，優位性がどこにあるかを見極めることができる。

⑶　目指す事業とそのために必要となる競争資源を知る：経営デザインシート

知財経営のためには，現状分析を踏まえて目指す事業を構想し，その構想実現のために創出しなければならないものをデザインし，事業計画を立てるために必要となる競争資源を知ることが必要である。そのツールとして知的財産戦略推進事務局が作成した「経営デザインシート」の使用が推奨されている[11]。（A）自社の目的・特徴，経営方針を確認し，存在意義を意識した上で，（B）「これまで」の価値を生み出すしくみを把握し，（C）長期的な視点で「これから」の在りたい姿を構想し，（D）それに向けて今から何をすべきか戦略を策定する。

そのとき，経営デザインシートを使うと「目指す事業」と「そのために必要となる競争資源」を見つけることが容易となる。

⑷　支援事業を活用する：国や県は知財経営を支援する事業を展開している

知財経営を自力で実行するのは負担が大きい。これを支援するために国や県はいろいろな支援事業[12]を行っており，これを活用するのも１つである。各県にある知財総合支援窓口はその紹介を行っている。これまでは行政の縦割りの支援であったが，中小企業庁と特許庁・INPIT（独立行政法人工業所有権情報・研修館）による横断の支援が行われる流れになってきて各省庁の縦割りを超えてスタートアップの支援事業が進んできている（**図表4-15**）[13]。

図表4-15　中小企業・スタートアップの知財活用アクションプラン（中小企業庁＆特許庁・INPIT）

問題意識：感染症流行下、中小企業等が自社の強みを活かし事業環境変化に対応できる環境整備が必要
支援戦略：中小企業庁＆特許庁の施策連携により、中小企業等の経営資源である知財の活用促進を強化

1.知財を活用した経営戦略立案支援

●INPIT知財総合支援窓口の強化
■加速的支援事業の創設
経営課題を認識し解決に知財を活用する意欲のある中小企業に対する知財・経営専門家チームの伴走型支援を創設。
■知財情報分析ツールの活用促進
知財総合支援窓口が中小企業等が使いやすい知財情報ツールを発掘し活用を促進。
■スタートアップ支援の効率化
特許庁のスタートアップへの知財戦略構築支援事業(IPAS)について加速的支援事業との効率実施に向けINPITへの移管検討。
■地域ブランドデザイナー派遣
地域ブランドを活用して街おこしを目指す商店街等にアドバイスを行う専門家を派遣。

●中小企業庁＆特許庁施策連携
■よろず支援拠点事業＆知財総合支援窓口
これまでの販路開拓等の課題解決の連携相談支援に加え、オンラインでの連携相談体制を強化。
■サポイン事業＆知財総合支援窓口
サポイン事業採択企業のうち知財戦略立案支援が必要な企業について、知財総合支援窓口で新たに創設予定の加速的支援事業の対象とする。
■中小企業庁創業支援＆知財総合支援窓口
支援機関間で連絡先を共有し、創業支援における知財の相談に対応する体制を整備。
■㈱全国商店街支援センター＆知財総合支援窓口
支援機関間で連絡先を共有し、商店街の地域ブランド構築の相談対応や知財の重要性の周知を行う体制を整備。
■中小機構が実施する中小企業大学校＆INPIT
INPITと中小機構が、経営課題と知的財産に関する研修を企画し、中小企業大学校を通じた提供を検討する。

2.知財取引適正化

●中小企業庁＆特許庁施策連携
■下請かけこみ寺＆知財総合支援窓口
両支援機関の相談員が相互協力し、知財の取引上の問題解決に向けて連携して支援。
■知財取引に関する周知
知財取引GL・契約書ひな形、下請法における知財の取扱いに関する解説動画をINPITの知財学習eラーニングサービス(IP ePlat)から配信。

3.知財金融を通じた支援

●知財評価活用のためのひな形等の作成・普及（特許庁・INPIT）
金融機関の事業性評価等に活用に資する知財評価活用のためのGL・ひな形を作成。知財総合支援窓口において、作成したGL・ひな形を用いた中小企業向けの支援を開始。

4.海外展開支援

●権利化支援の強化(特許庁)
■外国出願補助金の拡充
従来の出願費用に加え、審査請求や中間応答費用まで支援対象拡充。

●中小企業庁＆特許庁施策連携
■JAPANブランド育成支援等事業＆外国出願補助金
同事業採択事業者について、外国出願補助金を採択する際の優遇措置を検討。
■海外展開ハンズオン支援(中小機構)＆海外知的財産プロデューサー事業(INPIT)
双方に窓口を設置し、支援先企業の海外展開に向けたアドバイスを迅速に実施。

5.連携強化

■中小企業庁ＤＸプラットフォームへのINPIT参加検討

■INPITが、中小企業支援機関が参加する知財経営に関するネットワーク会議を主催

■INPIT＆支援機関(以下)とのMOU締結による組織的連携強化
・日本商工会議所
・中小企業基盤整備機構
・全国中小企業振興機関協会（下請かけこみ寺）

図中、
●背景色有：中小企業庁＆特許庁連携策
●背景色無：特許庁施策

内閣府の知的財産戦略推進本部が策定した推進計画2022は，現状打破するために具体的な検討がなされて，その中の中心の課題は「大学発ベンチャーの育成」で，そのための具体的な施策が提言されている。国も待ったなし，の危機感をもって「イノベーション後進国からの脱出」を本気で考えるようになっている。

5　おわりに

スタートアップの世界でも知財競争が激化しており，開発なくして事業の成長はないが，知財なくして事業の成功はないと言って過言ではない。この競争に打ち勝つためには知財を事業の競争力にする知財マネジメントを行う知財経営が必要である。そのためには知財マネジメントできる体制（人・組織・力）作りが不可欠である。知財マネジメントがうまくできるかが事業成長のカギと言える。

国や行政が種々のスタートアップ育成支援事業を企画し行ったとしても，それを活用するのはスタートアップの判断である。その判断を適切に行ってこそ，自社の最大の成長が期待できる。そのためには，その必要性や自社にとって今何を知財戦略としてなすべきかを判断でき決断できるようになるために「知財マネジメント」を学習し，自社の知財経営を確立することが望まれる。

注

1　スタートアップ・エコシステムの構築
https://www.kantei.go.jp/jp/headline/seisaku_kishida/seichousenryaku.html
2　今注目の「ドローン」ベンチャー・スタートアップ企業一覧【厳選20社】アクシスコンサルティングラボ
3　J-PlatPat［JPP］でキーワード検索：出願人企業名と「ドローン」キーワード検索。
4　日本ベンチャー学会会報2021，Vol94　佐藤辰彦「ビジネスモデル特許による起業―ビジネスモデル特許がベンチャー企業を生む」
5　同上
6　創成国際特許事務所ホームページ「中小企業でもできるブランド戦略（2008，大村茂樹）」
https://www.sato-pat.co.jp/contents/pressrelease/co_press/oomura.pdf
7　平成18年度意匠出願動向調査報告書（平成19年３月特許庁）
8　メルカリの特許ポートフォリオから見る，スタートアップの事業フェーズと特許戦略
https://ascii.jp/elem/000/004/020/4020727/
9　https://www.nidec.com/jp/technology/ip/
10　J-PlatPat［JPP］でキーワード検索：出願人検索
11　経営デザインシート（内閣府知的財産戦略推進事務局）
https://www.kantei.go.jp/jp/singi/titeki2/keiei_design/pdf/siryou01_shoki_design.pdf
12　経済産業省スタートアップ支援策一覧
https://www.meti.go.jp/policy/newbusiness/meti_startup_policies/hontai_220621.pdf
13　「中小企業・スタートアップの知財活用アクションプラン」中小企業庁・特許庁・INPIT 2021年12月27日

参考文献

佐藤辰彦：福島県ホームページ：令和４年度第１回ふくしま知財戦略協議会特別講演「開発と知財化の戦略的な進め方～ふくしま知財戦略推進計画を進めるために～」2022年９月６日

特許庁「平成18年度意匠出願動向調査報告書（デザインの開発・管理・保護・出願戦略に関する調査）」2007年３月

特許庁「ビジネス関連発明の最近の動向について」2022年11月

内閣府知的財産戦略本部「知財戦略推進計画2022」2022年６月３日

日本電産株式会社ホームページ「知財情報」2023年２月

第5章

（尾崎弘之）

オープンイノベーション：スタートアップと大企業との共創

課題：スタートアップと大企業とのオープンイノベーション（OI）を機能させる困難さ

大企業が10年後の主力事業を育てるには，スタートアップとのOIによる新規事業の開発が必須である。しかしながら，両者のOIを機能させるのは容易でなく，企業文化の違い，情報管理，組織作りなどの課題を解決しなければならない。

提言：トップと現場が連動する組織戦略の構築

OIを精神論によって推進するのは困難で，「違う発想を取り入れる」「ダブルスタンダード」「プラットフォーム」「柔軟な市場選択」といった施策が持続するような仕組み作りが必要である。

1　オープンイノベーションの役割

(1)　二種類のイノベーション

企業人同士の会話では，同じ「イノベーション」でも，人によって二種類の意味で使われていることが多い。この違いを放置するとイノベーションを実現するための効果的な議論ができない。

一つ目は「既存事業のイノベーション」である。既に収益を生んでいる事業をベースにして，製品やサービスの改良，コスト削減などによって収支を改善することを指す。例えば，製品の素材を10%軽量化する，生産コストを15%削減する，サービスに新しいメニューを追加して，シェアを５%高めるなどがある。

二つ目は「新規事業のイノベーション」である。新市場に参入する，スタートアップ企業から技術を導入して新製品・サービスを開発するなどの例がある。新規事業とは，既存事業と異なる市場・技術に「ジャンプ」することだ。

既存事業のイノベーションは現状の延長なので，技術，市場，財務の見通しを立てやすく，比較的短期間で投資回収できる（**図表5-1**）。

一方，新規事業のイノベーションは，自社が未経験の市場や技術への挑戦であり，既存事業の改良より成功確率は低い。他社の実績を調査することも困難で，手探りで進むしかない。また，そもそも市場が存在しないので，数年後の市場予測を作ってもあまり意味がない。

企業の現場ではどうしても既存事業に取り組むことを重視しがちだが，そ

図表5-1　イノベーション：既存事業と新規事業

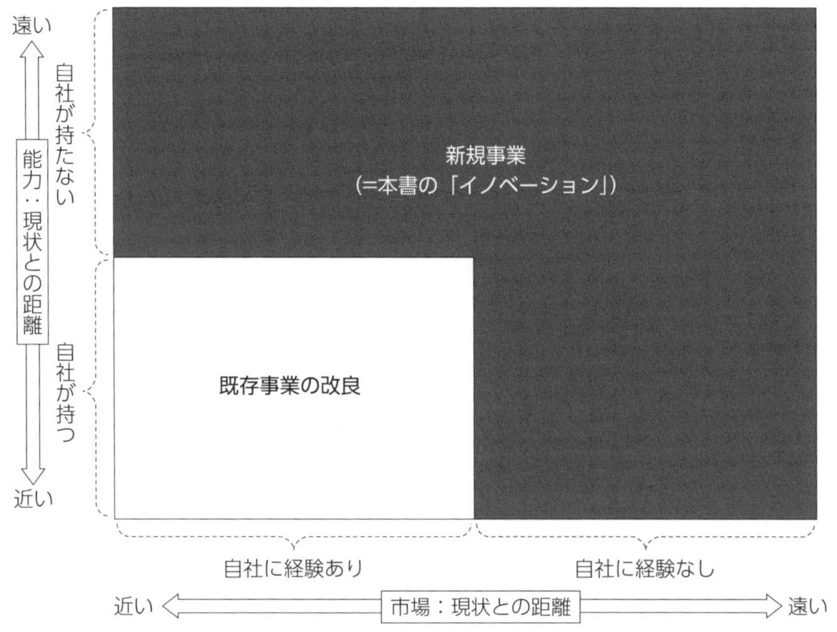

出所：尾崎弘之（2018）『新たなる覇者の条件―なぜ日本企業にオープンイノベーションが必要なのか？』日経BP社

れでは環境が大きく変わっても対応できず，米アップルの「アイフォーン」のような革新的な成果を期待することはできない。

(2)　難しい新規事業の評価

同じイノベーションでも「既存事業」と「新規事業」の区別が曖昧な場合，事業の「評価」が機能しない大きな弊害が起きる。本来両者は違った基準で評価されるべきだが，社内で評価方法が出来上がっている既存事業の基準が一律に使われることが多い。こうなると，本来時間をかければ大きくなるかもしれない新規事業が，「よく分からないし，儲からない」という理由で早目に打ち切られてしまう。

既存事業のイノベーションは，企業の「今」にとって重要である。しかし，それだけでは，グローバリゼーションや情報化の進展に対応できない。現状に安住していたら，コストが低い新興国に突き上げられ，自社製品はコモディティへ転落する。

新規事業は自社が知らない分野への進出なので，社内の資源だけを使う「自前主義」ではもはや実現が難しい。したがって，他社と提携する，スタートアップを買収する，専門的な人材を採用するなど，「オープン」な手法を取ることが不可欠だ。しかも，共同研究だけ，販売提携だけといった局地的な活動でなく，組織全体をオープンにしなければならない。これがオープンイノベーション（OI）を活用して新規事業に取り組む企業が増えている背景である。

(3) 「自前主義」からの脱却と「オープンイノベーション」

ただ，OIの必要性が理解されても，効果的に対応できない大企業が多い。組織全体でOIを実現するには，トップと現場が同じベクトルに進まなければならないが，これは簡単なことではない。

例えば「大企業病」が自前主義を温存させ，OIの推進を難しくする。大企業病が蔓延する一般的なプロセスは次のようなものだ。

規模が小さいスタートアップ企業は，積極的に外部と提携する。自社の資源が乏しいので，外部の人材，情報，技術を活用しないと，成長できないからだ。実績が乏しく会社の知名度もないので，待っていても誰も来てくれず，外部とオープンに接することが唯一の戦略となる。

その後，事業が成功して会社の知名度が上がると，あれだけ苦労したお金や人材に困らなくなり，自分から何もしなくても，他社から情報が寄せられるようになる。

さらに大きな組織になると，事業開発よりも社内管理にエネルギーが使われ，外部とオープンに接触しなくなる。ただ，企業として成功体験があり社員の満足度も高いので，皆現状に疑問を感じない。これが一般的な大企業病である。

化学品のトップメーカーである東レも2000年前後は大企業病に悩まされ，創業以来初の営業赤字に陥った。同社は元々，ナイロンや炭素繊維の製造技術を社外から導入するなど，比較的オープンな社風だったが，次第に内向きになってしまった。

自前主義が広がったことに危機感を持った同社トップは，研究開発の取組みを根本的に変え，2002年の中期経営計画では「自前主義からの脱却」，2011年には「オープンイノベーションの推進」を打ち出した。

米航空機ボーイングへの炭素繊維の材料供給や，ユニクロとの戦略的パートナーシップは，同社の組織がオープンになった成果と言える。

日本でもスタートアップの存在感が高まりつつあるが，米国と比べて依然伝統的な大企業の役割が大きい。この状況が中々変わらないとすれば，スタートアップ中心の米国型イノベーションより，大企業がOIを通じてスタートアップのアイデアや技術を活用する方が日本の企業風土にマッチしていると言える。

2　オープンイノベーションが機能しない組織的課題

前出の大企業病以外に，自前主義の企業がオープンな組織に変わるにはいくつかのハードルがある。そこには，次の４つの要因が考えられる。

(1)　オープンにできる情報の「基準」が明確でないこと

⑵ 事業ニーズをオープンにする「影響」が整理されていないこと
⑶ ライバル企業は「敵」という思い込みがあること
⑷ 「オープンな人材」が不足していること

⑴ オープンにできる情報の「基準」が明確でないこと

「会社の秘密情報は外部で喋ってはならない」

新入社員はまずそういった教育を受ける。ところが,「秘密情報」と「オープンな情報」の区別はあいまいなことが多く，たとえ整理しても解釈の幅が大きい。本来，特許や論文などの公開情報は自由に喋って良いはずだが，関連する情報を察知されないよう，秘密情報扱いのことがある。

情報をオープンにして良いかどうか解釈の幅が大きいと,「取り敢えず何も喋らない方が安全」が当たり前になってしまう。このような雰囲気が蔓延すると，外部へは閉鎖的で，社内のコミュニケーションが悪い組織が出来上がる。

⑵ 事業ニーズをオープンにする「影響」が整理されていないこと

社外でオープンにしてはいけないのは研究や特許の情報ばかりでない。自社が抱える「ニーズ」や「課題」も秘密情報に分類されることがある。ただ，これらをクローズにし過ぎると外部との情報交換など進まず，OIの推進はできない。

この悩みには，自社ニーズの「影響」を整理することで対応できる。同じニーズ情報でも，他社に「知られて困る情報」と「知られても困らない情報」があるからだ。

もし，これから進出する分野で自社が「後発」ならば，自社のニーズが知られても大して困らない。むしろ，自分たちの意図を広く知ってもらう方が良い。同様に，自社が圧倒的に「強い」分野でも，自社ニーズが少々知られても地位は揺るがない。

一方，自社がライバルとデッドヒートを繰り広げている分野では，慎重な取り扱いが必要になる。こういうケースでは「沈黙が金」になる。

このように「影響」が違えば情報の扱い方も違うはずなのに，「軽々しく話すな」と一律に禁止すると，組織はどんどん閉鎖的になる。

⑶　ライバル企業は「敵」という思い込みがあること

イノベーションが当たり前になると，企業同士の関係が複雑になる。今まで「ライバル」と思っていた企業がいつの間にか「顧客」になり，「顧客」と思っていた企業がある時「ライバル」に変わる。

技術の進歩がこの状況を助長している。以前は，「DX」「AI」「ロボット」はIT，電機，機械業界などのものだったが，今では，金融，物流，ヘルスケア，小売はじめ幅広い業界が使いこなすようになった。

もはや主力事業が何なのか分かりにくい企業が増え，同じ相手が「顧客」，「パートナー」，「ライバル」と複数の顔を持つようになる。こうなると企業同士の関係を固定しても意味がなく，「あの会社は敵だから何も話したくない」という頑なさは致命的になりかねない。

⑷　「オープンな人材」が不足していること

イノベーションを目指して他社とコミュニケーションを取る場合，自社の「全体像」を理解する「オープンな人材」が窓口にならないと話が進まない。ただ，縦割りが強い企業では，社員の大半が自分の部署のことしか分かっていない。

スタートアップの情報は十分に開示されていないので，大企業が適切なパートナー企業を探すのは簡単でない。そこで両者のマッチングを助けるイベントが盛況だ。

ただ，大企業とスタートアップが単に「お見合い」すれば何かが生まれるわけではない。両者の間には企業文化，品質基準，仕事のペースなど多くの溝が存在する。これらはただ時間をかけて付き合えば解消されるものでなく，溝を埋めることができる「人材」が必要である。

こういった人材がやるべき仕事は大企業の通常業務に含まれていない。必要と判断したことは何でもやる「落ち穂拾い」によって溝を埋めるので，大企業の細分化された業務分掌に馴染まない面もある。ただ，近年上記のマッチングや，アクセラレーション（スタートアップを支援する様々な活動）の経験を積める機会が増えており，これらが人材育成の格好の場になっている。

3　オープンイノベーション推進のための仕組み化

OIを推進するために組織をオープンにするといっても，お題目や精神論だけで状況を変えることはできない。組織には元々染み付いた行動を変えることができない「集団的保守主義」という習性があり，変革が惰性とならない「仕組み化」が不可欠である。筆者が2016年から2019年にかけて約百社の大企業を対象にOI調査を行ったが，そこから見出した仕組み化に関する知見を以下記載する。

⑴　違う「発想」を取り入れる
⑵　「ダブルスタンダード」を認める
⑶　「プラットフォーム」を進化させる
⑷　市場を「柔軟に」選択する

(1) 違う「発想」を取り入れる

外部から違う発想を取り入れるのはOIの基本である。ただ違う発想とは良いことばかりでなく，内部で摩擦を生む原因にもなる。また，異業種の発想だけでは組織は変わらず，トップのリーダーシップが不可欠である。ここでは「東レとユニクロの戦略的パートナーシップ」と「JR九州の『ななつ星』」を紹介する。

① 東レとユニクロの戦略的パートナーシップ

1990年代後半に流行ったフリースの次世代ヒット商品が見つからず苦しんでいた株式会社ファーストリテイリング（ユニクロ）だが，今や世界的な「ファストファッション」（流行を取り入れながら低価格を実現するアパレル商品）企業に成長した。ただ，ユニクロの大成功は，2006年に発表された東レとの「戦略的パートナーシップ」が不可欠だったことは，あまり知られていない。

両社の提携の内容は，研究，開発，生産，販売，マーケティングなど，アパレル事業に必要なステップ全てで，両社資源を持ち寄ることだった（**図表5-2**）。このような大型提携が可能になったのは，東レ会長（当時）の前田勝之助氏とユニクロCEOの柳井正氏が2000年に直接会談した後に，トップダウンの指示が下りたからだ。

提携によって，2020年までの累計取引目標額は１兆円に達したが，成熟したアパレル業界で他に類を見ないビッグビジネスである。ただ，いざ提携後，一緒に仕事を始めてみると，お互い発想の違いが多く，「驚きの連続だった」と表現する関係者もいる。

両社の時間軸が違っていたのが最初の「驚き」である。小売企業のユニクロは「週単位」で事業計画を作る。稼ぎどきの週末の売り上げを月曜に集計

図表5-2　戦略的パートナーシップ

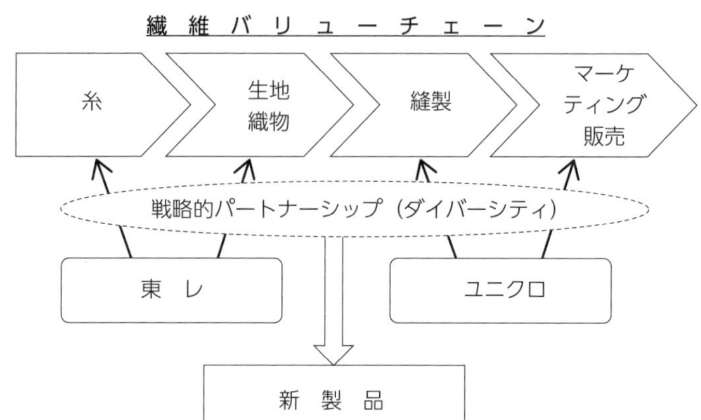

出所：尾崎弘之（2018）『新たなる覇者の条件―なぜ日本企業にオープンイノベーションが必要なのか？』日経BP社

して，その週の計画が立てられる。これに対してメーカーの東レは，基本的に「月単位」で工場のライン計画を立てる。両社が「締め切り」について話し合うとまるで噛み合わないが，それに気がつくまで時間がかかった。また，消費者と接しているユニクロは「お客様は神様です」という意識が徹底しているが，企業向けの素材を作っている東レは，消費者の顔など見たことがない。

トップダウンのコミットだけでなく，お互い「ワンストップ」の窓口を置いてキーマン同士が顔見知りになったことも，提携が円滑になるために不可欠だった。それがないと，誤解やトラブルが起きた時に対処できない。

ユニクロのヒット商品には，速乾性や保温性などの機能を持った化学繊維（機能性繊維）が使われている。ただ，機能性繊維自体は，両社の提携のずっと前から存在した。米国製「ゴアテックス」や東レ製「エントラント」などの「透湿防水」生地は，雨を中に通さず汗を外に逃がすため，雨や雪でも快適に着られる。

ただ，これらは専らスポーツウェアのため大して売れなかった歴史で，繊維メーカーにとって，「機能性繊維は儲からない」が常識だったが，それを「タウンウェア」に転用したのは，ユニクロのアイデアである。

東レにとって機能性繊維など「何を今さら」だったが，いざ蓋を開けると，保温性の「ヒートテック」，速乾性でサラサラの「エアリズム」など，機能性タウンウェアは，ヒット商品の連発になった。

繊維メーカーにとって「終わった商品」のはずが，異業種の小売の発想によってヒット作を生んだエピソードは興味深い。

②　JR九州の豪華クルーズ列車「ななつ星」

「ななつ星 in 九州」（「ななつ星」）は2013年10月にJR九州が運行を開始した日本初の「豪華クルーズ列車」である。出発地から九州７県を巡って元の出発駅に戻るのが標準ルートだが，車両内の個室やサービスは高級ホテルなみで，高価格にかかわらず多くのリピーターを獲得した。

一人当たりの旅行代金が50万円以上もするのに，当初の３か月間は定員の７倍強の申し込みがあった。55万円のデラックススイートは，初回76倍の競争率になり，ホテル会場で抽選会をする事態になった。今まで存在しなかった市場を作る試みは成功したと言える。

この事業で重要なことは，今までの鉄道事業の「常識」を変えることだった。鉄道事業では「安全に」「正確に」「早く」乗客を運ぶことが最優先される。豪華クルーズ船並みの高級サービスなど，鉄道会社の「辞書」にはない。

そこで，「ななつ星」の開発に携わるスタッフは，「鉄道事業」を知る社員と，「高級サービス」を知る社外スカウト人材との組み合わせになった。社外からの公募組は30倍の競争となり，国際線のベテランCA，名門ホテルのコンシェルジュ，高級レストランのソムリエなどが採用された（**図表５-３**）。

「ななつ星」の旗振り役だったJR九州社長（当時）の唐池恒二氏のコミットメントが商品開発に不可欠だったことも見逃せない。

図表５-３　JR九州：二種類の人材の融合

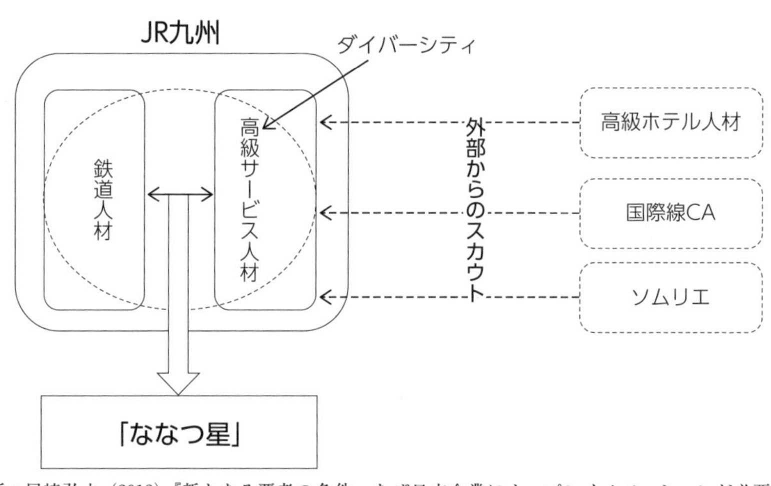

出所：尾崎弘之（2018）『新たなる覇者の条件―なぜ日本企業にオープンイノベーションが必要なのか？』日経BP社

⑵ 「ダブルスタンダード」を認める

「ダブルスタンダード」という言葉には一般的にネガティブな響きがある。「二枚舌」や「一貫性がない」ことと同義だが，意外にもダブルスタンダードは組織になくてはならない。

新しいアイデアが湧いても，組織としてすぐ本格的に実行できるわけではなく，アイデアが実現できそうなのか，自社の戦略にマッチしているかなどの確認作業が必要である。この作業は「PoC」（プルーフ・オブ・コンセプト）と呼ばれる。

PoCはアイデアが有効かどうかを確かめるフェーズなので，大きな投資を決める時より「緩い基準」で評価されなければならない。まさにダブルスタンダードである。この区分けがはっきりしていないと，PoCに厳しすぎる基準が適用されて，将来有望な事業の芽が摘み取られてしまう。

このようなダブルスタンダードの例として，スリーエムの「15％カルチャー」がある。「ポスト・イット」など独創的な商品を数多く生み出してきた米スリーエムは「アイデア」と「事業化」を区別するダブルスタンダードを持つ（**図表5-4**）。

図表5-4　スリーエムのダブルスタンダード

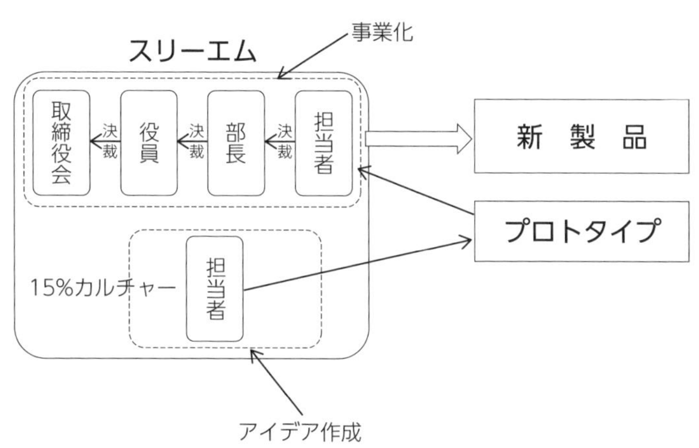

出所：尾崎弘之（2018）『新たなる覇者の条件―なぜ日本企業にオープンイノベーションが必要なのか？』日経BP社

研究者は「アイデアが勝負」と言われる。そのためには与えられた研究テーマだけでなく，自分でアイデアを捻り出さなければならない。ただ，アイデアを自分の趣味で作るのはご法度であり，会社戦略との整合性や採算を考えるのは当然だ。

しかし，アイデアと事業化のバランスを取ることは容易でなく，周囲から事業化についてうるさく言われると，研究者の発想が硬直的になる。そこで，スリーエムは「アイデアは自由」「事業化は管理」のダブルスタンダードで対応している。

「社員が就業時間の15％を与えられた業務以外に使って良い」という同社

の「15%カルチャー」は有名で，これに倣う企業は多い。例えば米グーグルは「20%ルール」を持っている。

スリーエムジャパン前社長の故・昆政彦氏によると，この取組みはよく誤解されている。「就業時間の15%を使えば，イノベーションにつながるはずだ」という誤解だ。

スリーエムでは，社員の自由時間に上司が「関与しない」ことがポイントとなる。例えば，社員が自由時間に外出する際，上司が「どこに行くんだ？」と聞くことは禁止されている。部下が何をしているか分かると上司はつい口を出したくなり，純粋に自由な時間にならない。もっとも，15%カルチャーの真似をしながら，自由時間に何をするか上司の許可が必要な企業が多い。

ただ，スリーエムでも，自由時間に考えたアイデアがPoCを経て事業化されると，それまでの自由はなくなる。期限が設定されてプロセス管理が厳しくなり，規律が求められる。アイデアと事業化のダブルスタンダードに「自由」と「規律」のメリハリを付けることが，同社の戦略である。

(3)　「プラットフォーム」を進化させる

「プラットフォーム」という言葉は，鉄道駅など周辺よりも高くて平らな場所を指す。元々はコンピュータ用語だったが，近年は「ソーシャルネットワーク・サービス」(SNS)，「電子商取引」(イーコマース)，「情報サイト」など，多くの人が参加する「仮想の場」を指すようになった。

「仮想の場」へのアクティブな参加者が増えれば，プラットフォームの「管理者」(「プラットフォーマー」)は情報収集で優位に立てる。ただ，プラットフォームが巨大になっても安泰と言えない。市場は常に変化するので，参加者の満足度を上げるよう進化を続けなければならない。

世界市場は，グーグル，アップル，アマゾン，メタ，ウーバー，エアービーアンドビーなど今でも米国プラットフォーマーの独壇場だが，米国との競争を回避できる企業が日本にも存在する。ここではセブン-イレブンの食品開発の例を紹介する。

日本トップのコンビニ・チェーンであるセブン-イレブン・ジャパン（以下セブン-イレブン）は，商品開発のために「チームマーチャンダイジング」（「チームMD」）という，多様な人材が集まるプラットフォームを構築している（**図表5-5**）。

図表5-5　セブン-イレブンのプラットフォーム「チームMD」

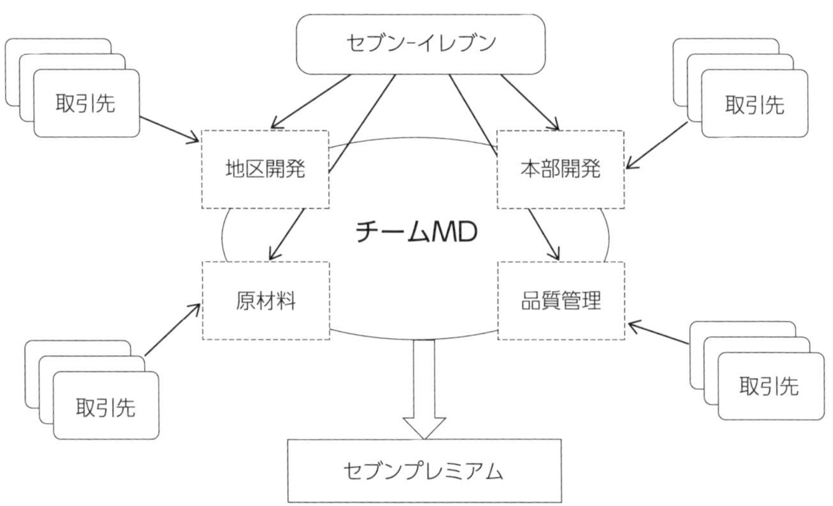

出所：尾崎弘之（2018）『新たなる覇者の条件―なぜ日本企業にオープンイノベーションが必要なのか？』日経BP社

チームMDは「本部開発」「地区開発」「品質管理」「原材料」の四グループに分かれており，わずか数十名の本社スタッフが，パートナー企業のスタッフ約千名と協力体制を作っている。米国プラットフォーマーの入る余地がない構造だ。

創業以来チームMDを進化させた成果が「セブンプレミアム」というプライベートブランド（PB。小売企業の名前で開発された商品）である。2007

年のスタート以来成長を続けて，2019年度にアイテム数4,150個，売上１兆4,500億円に達した。コンビニ史上最高のヒット商品である。

セブンプレミアムは当初セブン＆アイ・グループのスーパーのみで売られたが，日配食品（冷蔵食品などの総称）が好評で，その後グループ全体で取り組むことになった。商品開発の手法は，「コンビニのやり方」を基本に「スーパーの生鮮食料品」ノウハウがミックスされたものだ。

セブンプレミアムの成功要因は，「品揃えの豊富さ」と，チームMDによる「徹底的な品質改良」である。同社の商品は一年間に約７割が他の商品と入れ替わるので，一年間生き残る商品は３割に満たない。この「多産多死」の競争システムが全体の成長を可能にしている。

セブンプレミアムのうち食品売上は１兆円を超えるが，これは加工食品市場の３％を占める巨大さだ。ただ，市場のパイは殆ど増えていないので，セブンプレミアム用のPB商品作りに協しない食品メーカーがいれば，その企業の工場稼働率は下ってしまう。

プラットフォームを強化したセブン-イレブンは，このように本来競合しない食品メーカーと競合するようになった。小売のユニクロがアパレルメーカーの市場を奪ったように，セブン-イレブンの巨大な商品開発力が，食品メーカーとの棲み分けを難しくしている。

コロナ禍によって生鮮食料品の宅配が増えており，今後はアマゾンなどとの競合が起きるだろう。顧客情報を精緻に分析して商品開発に妥協しないなど，プラットフォームを強化する施策が必要と思われる。

⑷　市場を「柔軟に」選択する

研究開発を進める企業は商品のターゲット市場を選択するが，硬直的なやり方ではゴールに到達できない。成果を出すためには市場を柔軟に見据えることが重要である。次の二つはそのための戦略例である。

ひとつは「ハコモノ」の活用である。ハコモノは郊外の森で威容を誇る研究所や豪華な市役所が典型で，ネガティブな響きを持つ言葉だ。「ハコモノをやめる」は普通のスローガンだが，この常識に逆らってハコモノをプラスに活用する戦略もある。ただし，単なるハコモノでなく，一見バラバラな自社技術をワンストップで外部に理解してもらうなど，そこには明確な目的が必要だ。ここでは，コニカミノルタの「SKT」を紹介する。

二番目は，パートナー企業を固定せず，その時々成功している企業をパートナーにする「勝ち馬に乗る」戦略であり，「グローバルニッチトップ」の日東電工を紹介する。

①　グローバルに情報発信するハコモノを作る（コニカミノルタ）

コニカミノルタは，写真フィルムのコニカとカメラのミノルタが2003年に経営統合した企業だが，その三年後にフィルムとカメラ事業からの撤退を発表した。富士フイルムと同様，写真市場の激変に対応して，祖業をほぼ捨てたことになる。

同社のターゲット市場には，リコー，キヤノン，富士フイルムビジネスイノベーションという巨大なライバル企業がいるので，彼らと正面からぶつかるのは得策でない。そこで，たとえすき間（ニッチ）市場でもトップを狙う「ジャンルトップ戦略」を打ち出してきた。

コニカミノルタは「自前主義」にこだわらず，コア技術以外の自社技術は積極的にオープンにしている。自分のアイデアにこだわる研究者がいても，ジャンルトップ戦略ではスピードが優先される。

柔軟に市場を探す場合，「同じ技術を使えるなら市場が変わっても大丈夫だろう」と思いがちだが，そうではない。業界によって，生産，物流，マーケティング，販売などの流儀が異なるからだ。

同社はコア技術を活用してX線フィルム，現像処理機，処理剤などの医療関連に取り組んできたが，その経験によって「医療のデジタル化」を推進している。そして，同社の主力事業は，フィルムや試薬の消耗品販売からＸ線平面検出器，画像処理コンピュータなどに変わった。

ニッチ市場でトップになるには，技術とニーズをつなげる新しいアイデアを短期間で模索しなければならない。そのシンボルとして，東京都八王子市に「コニカミノルタ八王子SKT」（SKT）という研究開発棟が2014年に作られた（**図表５-６**）。ここで外部から人を招いて，新規事業の議論が活発に行われている。技術ショールームでは，年間数百件の技術デモンストレーションが実施される。

図表５-６　コニカミノルタの「SKT」

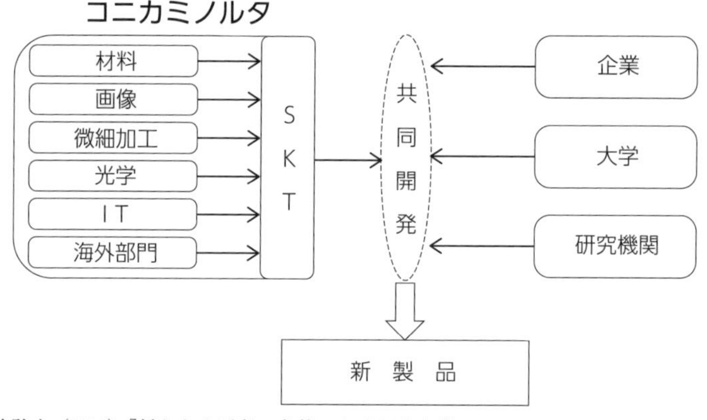

出所：尾崎弘之（2018）『新たなる覇者の条件―なぜ日本企業にオープンイノベーションが必要なのか？』日経BP社

②「勝ち馬」に乗る（日東電工）

日東電工は，電気絶縁材料の国産化を目的として1918年に創業された。初期の主要製品はビニールテープだったが，粘着技術や塗工技術を生かして電機，自動車，住宅，インフラ，環境，医療など幅広い分野で事業展開している。

同社は多様な市場に対応するため，素材の品質にこだわるだけでなく「パートナー企業」を増やすことを重視している。また，「グローバルニッチトップ戦略」によって，「小さくても世界トップ」を狙える製品に特化している。さらに，顧客の声を聞きながら製品を開発することが企業文化である。

日東電工の「勝ち馬に乗る」戦略の最大の成功は，「液晶ディスプレイ」（液晶）の材料に使われる「偏光板」である。

偏光板は，光の透過をコントロールして，液晶に表示する画像を人の眼で見えるようにする光学フィルムである。偏光板がないと液晶は白く光るだけで，文字も画像も映らない。また，画面の美しさを左右するので，偏光板は液晶になくてはならない素材である。

偏光板自体は多くのメーカーが作っており，価格競争が激しい。そこで，日東電工は独自の「塗る」「貼る」技術を使い，偏光板と他の素材を組み合わせて付加価値を生んでいる。

例えば，薄型ディスプレイでは，部材を極限まで薄くするために偏光板と液晶を薄く均等に貼り合わせなければならない。また，画像を鮮明にする，透明性を高める，反射やぎらつきを抑える，視野角を広げる，正面と斜めから見えるようにするなど，開発課題は多岐にわたる。

液晶の市場は過去数十年間激変してきた。液晶端末は，電卓，PC，テレビ，スマホ，タブレット，車，ウェアラブルなど用途が目まぐるしく変化してきた。市場で売れる液晶端末が変化したので，同時に端末メーカーの淘汰が繰り返されてきた。

しかし，端末に液晶が使われる限り，偏光板へのニーズはなくならない。これが「勝ち馬に乗る」戦略である。日東電工は「グローバルニッチトップ」の条件として掲げている「変化が顕著な市場」に身を置いてきたことが重要だ。常に製品改良の感度を磨かないと生き残れない。これが「勝ち馬に乗る」戦略が成功する条件である（**図表５-７**）。

図表5-7　日東電工の「勝ち馬」に乗る戦略

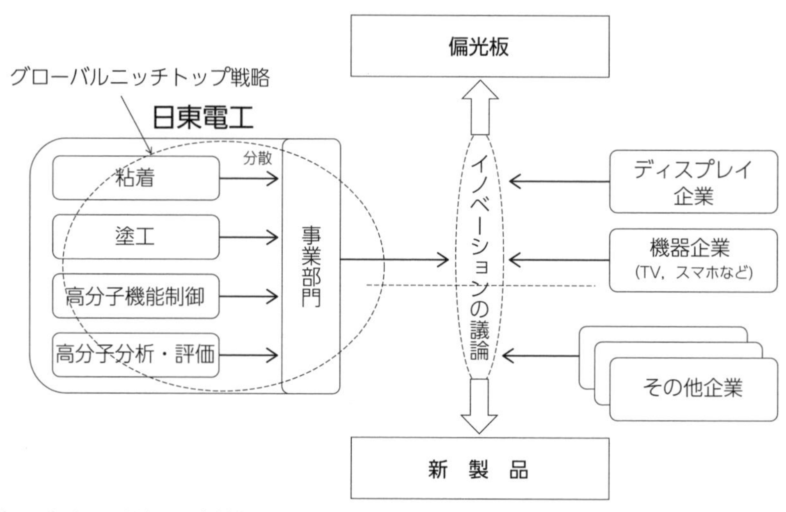

出所：日東電工HP情報など各種資料をもとに筆者作成

スタートアップと大企業とのOIは現在数多く進行している。ただ，本章で述べてきたとおり，OIの成果は簡単には実現できない。そこには，アイデアの稚拙さ，技術の未熟さ，戦略の間違い，提携パートナー同士の関係性など複雑な要因が絡んでいる。短期間でOIの成果が出ないことを理由に，将来自社の屋台骨となるかもしれない新規事業が数多く捨てられるのならば，企業にとって大きな損失である。また，戦略を長期間継続させるには組織トップのコミットメントが不可欠である。

参考文献

Chesbrough, Henry. (2003) *Open Innovation: The New Imperative for Creating and Profiting from Technology*, Harvard Business School Press（大前恵一朗訳『OPEN INNOVATION—ハーバード流イノベーション戦略のすべて』産能大出版部，2004）

Chesbrough, Henry. (2011) *Open Services Innovation: Rethinking Your Business to Grow and Compete in a New Era*, Bass（博報堂大学 ヒューマンセンタード・

オープンイノベーションラボ訳『オープン・サービス・イノベーション 生活者視点から，成長と競争力のあるビジネスを創造する』CCCメディアハウス，2012)

Miyao, Manabu., Ozaki Hiroyuki. et al. (2022) *The role of open innovation hubs and perceived collective efficacy on individual behaviour in open innovation projects,* Creative Innovation Management

尾崎弘之（2018）『新たなる覇者の条件―なぜ日本企業にオープンイノベーションが必要なのか?』日経BP社

尾崎弘之（2022）『「プランＢ」の教科書』インターナショナル新書

第6章

（長谷川博和）

起業家教育：本気の産学官連携「起業家教育」の実施

課題：チャレンジ意識とシームレスな教育体制の不足

起業家教育は，起業家や経営者だけに必要な特殊な教育ではない。高い志や意欲を持つ自立した人間として，他者と協働しながら，新しい価値を創造する力など，これからの時代を生きていくために必要な力を育成するための教育手法である。チャレンジ精神，創造性，探究心等の「起業家精神」や，情報収集・分析力，判断力，実行力，リーダーシップ，コミュニケーション力等の「起業家的資質・能力」の育成を目指すものであるべきだ。現在の日本にはチャレンジ意識とシームレスな教育体制が不足している。

提言：起業家精神を醸成する教育（A）と世界水準ベンチャー企業育成（B）を分けて議論することと，本気の産学官連携「起業家教育」の実施

起業家教育の体制，人材などを本気で整えるためには，概念を整理することと，教育だけでなく，産学官が本気で連携して起業家教育を実行する必要がある。

1 起業家教育を取りまく環境と課題

(1) チャレンジ意識の不足

岸田文雄首相が経済政策として打ち出している「新しい資本主義」において，起業家教育が施策の重要な柱となっている。「新しい資本主義のグランドデザイン及び実行計画～人・技術・スタートアップへの投資の実現～」（令和4（2022）年6月7日閣議決定）においては，起業家の教育現場への派遣等を通じた初等中等教育における起業家教育の推進，AI（人工知能）やディープテックの活用による大学等での起業家教育の横展開などが提言されている[1]。

我が国の開業率，廃業率は5％前後で推移しており，9％から12％台の米国，英国，ドイツなどに比べて見劣りすることは以前から指摘されてきた[2]。

また，グローバル・アントレプレナーシップ・モニター（GEM）においても，成人人口に占める起業家の割合を示す総合起業活動指数（TEA）が日本は5％前後であり，10％を超える米国，英国，中国に比べて低い[3]。

2022年5月に経済産業省が発表した「未来人材ビジョン」では，あらゆる場所でデジタル技術が活用され，かつ，脱炭素は世界的潮流になるなか，日本の生産年齢人口は，2050年には約5,300万人と現在の7,400万人の3分の2になると予想している[4]。より少ない人口で社会を維持し，外国人から「選ばれる国」になる意味でも，社会システム全体の見直しが迫られている。雇用・人材育成と教育システムは別々に議論されがちであるが，これらを一体的に議論することが重要であるとしている。

「未来人材ビジョン」では**図表6-1**に見られるように，社会人に求められる能力などは，現在の「注意深さ・ミスがないこと」「責任感・まじめさ」から，将来は「問題発見力」「的確な予想」「革新性」が一層求められる。

図表6-1　将来需要が高まる能力

2015年	
注意深さ・ミスがないこと	1.14
責任感・まじめさ	1.13
信頼感・誠実さ	1.12
基本機能（読み，書き，計算，等）	1.11
スピード	1.10
柔軟性	1.10
社会常識・マナー	1.10
粘り強さ	1.09
基盤スキル※	1.09
意欲積極性	1.09
⋮	⋮

※基盤スキル：広く様々なことを，正確に，早くできるスキル

2050年	
問題発見力	1.52
的確な予測	1.25
革新性※	1.19
的確な決定	1.12
情報収集	1.11
客観視	1.11
コンピュータスキル	1.09
言語スキル：口頭	1.08
科学・技術	1.07
柔軟性	1.07
⋮	⋮

※革新性：新たなモノ，サービス，方法等を作り出す能力

注：各職種で求められるスキル・能力の需要度を表す係数は，56項目の平均が1.0，標準偏差が0.1になるように調整している。

出所：2015年は労働政策研究・研修機構「職務構造に関する研究Ⅱ」，2050年は同研究に加えて，World Economic Forum "The future of jobs report 2020", Hasan Bakhshi et al., "The future of skills: Employment in 2030" 等を基に，経済産業省が能力等の需要の伸びを推計。

このように社会構造が変化し，今後，求められる能力も大きく変化すると予測される一方で，日本企業の従業員のエンゲージメント[5]は5％（米国34%，東南アジア23%，オーストラリア20%など）と他国と比べて最低水準にあり，また，現在の勤務先で継続して働きたい割合は52%と世界の中でも低い[6]。

また，転職意欲（25%），独立・起業志向のある人の割合（16%）と調査対象の最低レベルにある。今後，日本が競争力を持ち続けるためには人的資

本経営を強化し，個人・組織が活性化することが不可欠であると思われる（**図表６-２**）。

図表６-２　人材版伊藤レポートの骨子

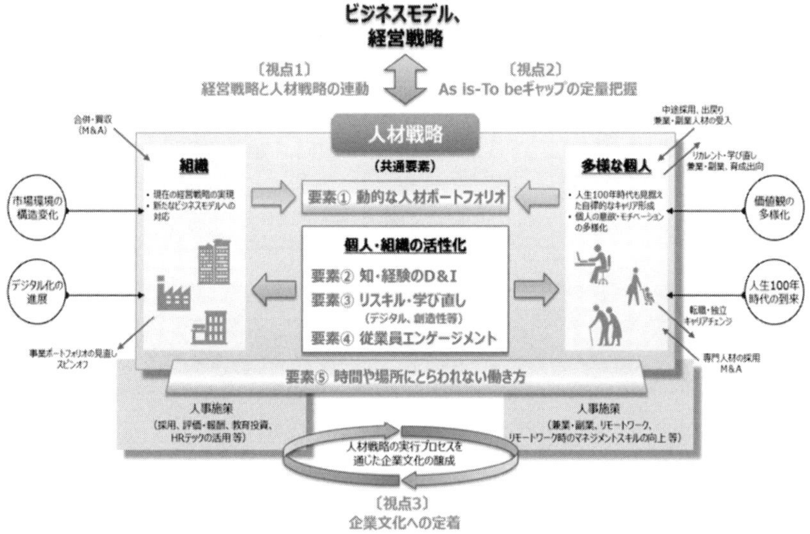

出所：経済産業省「人材版伊藤レポート2.0」（2022年５月）[7]

⑵　起業家教育の現状と課題

我が国の起業家教育は1997年に「経済構造の変革と創造のための行動計画」（1997年５月16日閣議決定）の中で，「大学等におけるベンチャービジネス関連の教育・研究の充実等ベンチャービジネスを担う人材の育成を推進するため，起業家育成を担う人材の創出に向けた取組，起業家養成に資する教育研究活動に対する企業等の協力のための環境整備，関連するカリキュラムの充実等幅広い取組について早急に検討を深める」と提示されたところから始まっている[8]。その後も，継続して政策は出されており，大学における起業家教育の実施校数，実施科目は大きく増加している[9]。

ただし積極的に起業家教育を基礎から実践まで指導している大学は限られている。例えば文部科学省の実施したEDGEプログラム（東京大学，東京農業大学，東京工業大学，滋賀医科大学，京都大学，大阪大学，奈良先端科学技術大学院大学，広島大学，九州大学，大阪府立大学，慶應義塾大学，早稲田大学，立命館大学），EDGE-NEXTプログラム（主幹機関は東北大学，東京大学，名古屋大学，九州大学，早稲田大学）に参画した大学においては，国際的な取組みも含めて多層的な起業家教育プログラムを行い，大きな成果を出した（**図表6-3，6-4**は早稲田大学のEDGE-NEXTプログラムの実例）。

図表6-3　早稲田大学EDGE-NEXTプログラム

2017年度～2021年度
EDGE-NEXT

- **全学学生**へ正規、非正規科目提供。**年間約3,000名の早大学部生・院生**が参加
- **5大学連携**による特色あるプログラム実施
（Skyward EDGE コンソーシアム：主幹：早稲田大学、協働機関：東京理科大学、多摩美術大学、滋賀医科大学、山形大学）
- コンソーシアム受講生数は**約2万人**、起業・新規事業件数は累計**37件**
- バブソン大学、スタンフォード大学d.school、UCSD, イスラエル、ルンド大学など**世界の先端教育機関と連携**
- 東京都、富山県、本庄市、飯豊町、茅野市、諏訪市など**自治体との連携**活発
- DEMODAY、インターンシップなどにより**企業との連携**も推進
- **中間評価で最高評価Sを獲得**

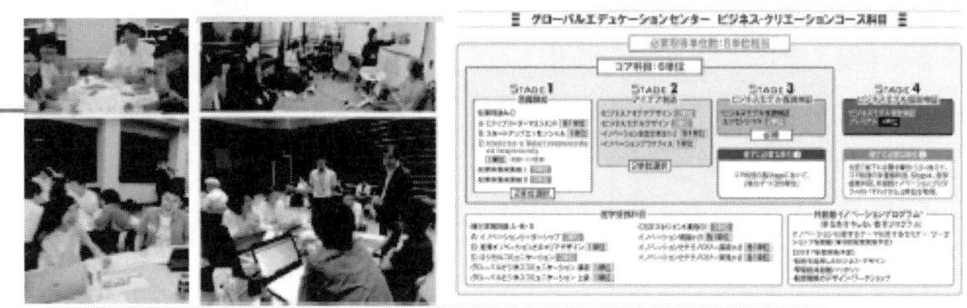

出所：早稲田大学EDGE-NEXT

図表6-4　早稲田大学EDGE-NEXTプログラム概要

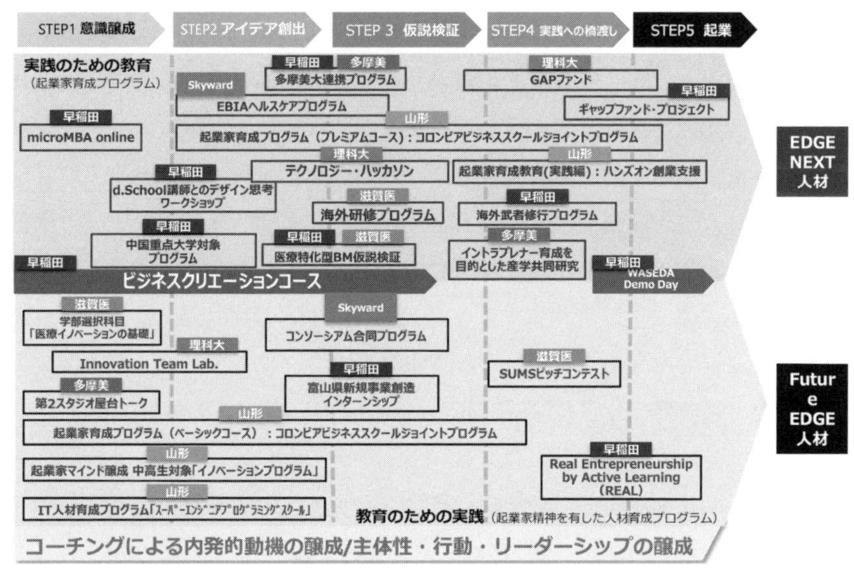

出所：早稲田大学EDGE-NEXT

一方で，大学における起業家教育を実施する教員，ゲスト講師の調達，育成やプログラムの充実・マンネリ化などに悩む大学も少なくない。大学間で格差がついており，我が国全体の底上げがなされているとは言えない状態である。

また小学校，中学校，高校においての起業家教育も取組みがなされている。2015年に経済産業省が行った調査では，小学校で10%，中学校で33%，高校で43%の学校が起業家教育を実施している[10]。実施した小学校では，「チャレンジ精神・積極性が高まった」が８割以上，「自信・自己肯定感が高まった」が７割以上という，高い成果が出ている（**図表6-5**）。また中学校ではそれらに加えて，「進路への関心・意欲が高まった」が８割以上，「プレゼンテーション力・コミュニケーション力が高まった」が７割以上という成果も出ている。特に踏み込んだ取組みをすると効果が高い。

図表６-５　小学校，中学校での起業家教育の効果

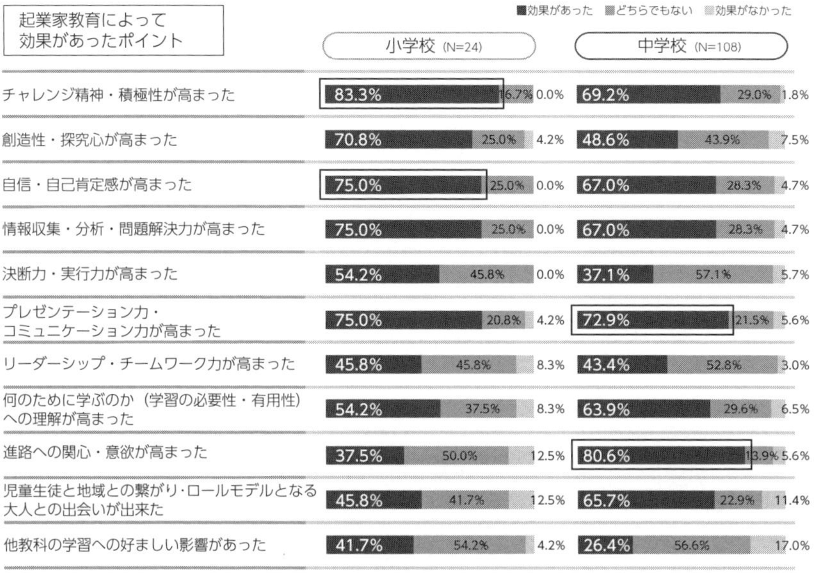

■効果があった　■どちらでもない　■効果がなかった

起業家教育によって効果があったポイント	小学校（N=24）効果があった	小学校 どちらでもない	小学校 効果がなかった	中学校（N=108）効果があった	中学校 どちらでもない	中学校 効果がなかった
チャレンジ精神・積極性が高まった	83.3%	16.7%	0.0%	69.2%	29.0%	1.8%
創造性・探究心が高まった	70.8%	25.0%	4.2%	48.6%	43.9%	7.5%
自信・自己肯定感が高まった	75.0%	25.0%	0.0%	67.0%	28.3%	4.7%
情報収集・分析・問題解決力が高まった	75.0%	25.0%	0.0%	67.0%	28.3%	4.7%
決断力・実行力が高まった	54.2%	45.8%	0.0%	37.1%	57.1%	5.7%
プレゼンテーション力・コミュニケーション力が高まった	75.0%	20.8%	4.2%	72.9%	21.5%	5.6%
リーダーシップ・チームワーク力が高まった	45.8%	45.8%	8.3%	43.4%	52.8%	3.0%
何のために学ぶのか（学習の必要性・有用性）への理解が高まった	54.2%	37.5%	8.3%	63.9%	29.6%	6.5%
進路への関心・意欲が高まった	37.5%	50.0%	12.5%	80.6%	13.9%	5.6%
児童生徒と地域との繋がり・ロールモデルとなる大人との出会いが出来た	45.8%	41.7%	12.5%	65.7%	22.9%	11.4%
他教科の学習への好ましい影響があった	41.7%	54.2%	4.2%	26.4%	56.6%	17.0%

注：経済産業省2015年１月郵送アンケート調査，全国の公立，私立，国立小中学校，2000校（有効回答数569）

出所：初等中等教育段階における起業家教育の普及に関する検討会「小学校・中学校・高等学校における実践的な教育の導入例」（2015年）

一方で課題も多い。経済産業省の2015年実施調査によれば，時間・教科の壁がある中で，学校で教える内容が多岐にわたり，起業家教育に割く時間が取れないことや，教員間での理解を得ること，時間割の調整が難しいなどの声が多かった。また，標準的プログラムの提示と段階的な進め方の提示なども不足しており，指導内容の構築，充実を望む声が多かった。更に，教える教員の経験，ノウハウが不足していることも課題である。地元企業や有名起業家とのパイプを持った教員が限られ，ネットワークの構築も個人の人脈に依存している[11]。

これに対して，中小企業庁も**図表６-６**に示すような取組みを実施しているが一層の拡充が求められる。

図表６-６　起業家教育の政策取組み

出前授業支援	起業家教育プログラム実施支援	ビジネスプランコンテスト開催
起業家等による講演などを実施する教育機関を支援	**中長時間のプログラムを実施する教育機関を支援**	**高校生等を対象にビジネスプランコンテストを実施**
教育機関が起業家教育を実施する際に、**出前授業や講演等に登壇する起業家（経営者等）を招聘。** その際の**費用を支援**する。	教育機関が起業家教育プログラムを実施するため、「標準的カリキュラム実践のためのマニュアル」を基に行う授業に対し、**講師や起業家の招聘等**を実施。 その際の**費用を支援**する。	**全国の高校生がビジネスプランをアウトプット**する環境を整備。 **優れたビジネスプランを表彰**（最優秀者には経済産業大臣賞を授与）することで高校生の創業にむけたモチベーション向上と社会的な創業機運の醸成を図る。

出所：中小企業庁

2　課題解決のための提言

起業家教育は，起業家や経営者だけに必要な特殊な教育ではない。高い志や意欲を持つ自立した人間として，他者と協働しながら，新しい価値を創造する力など，これからの時代を生きていくために必要な力の育成のための教育手法である。チャレンジ精神，創造性，探究心等の「起業家精神」や，情報収集・分析力，判断力，実行力，リーダーシップ，コミュニケーション力等の「起業家的資質・能力」の育成を目指すものであるべきだ。

起業家教育の充実は，今後いっそう必要とされている，課題の発見と解決に向けて主体的・協働的に学ぶ学習（いわゆる「アクティブ・ラーニング」）の充実にも寄与するものであると考える。また，起業家教育の実施により学校と地域社会との繋がりが強化され，特色のある学校教育が実現する。起業家教育の活動は児童生徒の目線を世界に広げ，グローバルに活躍する人材の育成にもつながる。

そのために以下の２点を提言する。

(1)　起業家精神を醸成する教育（A）と世界水準ベンチャー企業への教育・育成（B）を分けて議論する

起業家教育の対象が不明確である。薄く広く，多くの人に起業家精神を醸成する教育（A）を未就学・小学校・中学校，高校の時代から行うべきである。これは必ずしもベンチャー起業家にならなくてもいい。これからの時代を生きていくために必要な力の育成として位置づけ，大企業に就職する以外の多くの職業選択があることを早い時期から知らせることの意義は大きい。

2012年の学習指導要領改訂により，中学校の１，２年生は必修科目，３年生は選択科目としてダンスが組み込まれている。また，2025年度実施の大学入試共通テストから「情報」は出題教科の一つになる。日本の構造的問題を解決するためにも，起業家教育は未就学・小学校・中学校・高校の必修科目にすべきである。もちろんカリキュラムの充実や教員やサポートする人材が不可欠だが，実現すべきと考える。

一方，世界水準で活躍するベンチャー企業（B）を教育・育成する取組みも拡充すべきである。グローバル起業家等育成プログラム「始動Next Innovator」は，シリコンバレーと日本の架け橋プロジェクトの一環として過去７年間で約800名を育て，多種多様なイントレプレナー・アントレプレナーが活躍している。

また，科学技術振興機構（JST）のSTART（スタートアップ・エコシステム形成支援）の一環で行っている起業活動支援プログラム（GAPファンド）も役割が大きい。大学などの研究機関に属する研究成果と事業化との間のギャップを埋めるため，仮説検証のためのデータ（実験結果，計算結果）を得てPoCを得る，あるいは，試作品製作，ビジネスモデルのブラッシュアップ，等を進めるための資金として重要である。これらに代表されるように，最先端分野で活躍できる可能性がある起業家候補を教育・育成する施策を徹底させるべきである。

つまり，広く浅く広める起業家精神を醸成する教育（A）と，鋭く尖った世界水準ベンチャー企業育成（B）を区別し，アルファベットの「T」のように教育すべきである。もちろん，横棒が長く縦が短い「T」があってもいいし，横棒が短く縦が深い「T」も然り，多様性を重要視すべきことはいうまでもない。

⑵　本気の産学官連携「起業家教育」の実施

スタートアップのレベルを本気で加速すべきである。ここではスタートアップ企業だけでなく，産業界，学術界，政府自治体なども連携を取りながら支援体制を本格化すべきである。

日本経済団体連合会は2022年３月に「スタートアップ躍進ビジョン―10×10×を目指して」を宣言し，５年後（2027年）までにスタートアップの裾野，起業の数を10倍にするとともに，最も成功するスタートアップのレベルも10倍に高めるという目標を掲げた[12]。その中で，「４．大学を核としたスタートアップエコシステム」と「５．人材の流動化，優秀人材をスタートアップエコシステムへ」を明示している。

その理想的な姿として，世界でもトップレベルを誇る研究分野を有する大学に，海外からも研究者，資金が集まり，周辺に国内外の関連企業が集積するテックシティが地方を含め出現すること，そこにはディープテックを目利きできるキャピタリストも集まり，研究者・学生の起業も盛んで，卒業時の起業やスタートアップ参加も当たり前になり，また大企業で勤務したのちに起業やスタートアップに転職する人も珍しくなくなること，大企業も中途採用からの幹部登用を格段に増やし，とりわけスタートアップ経験者をハングリーに採用し，社内で躍動させていること，などを挙げている。特に，大企業が中途採用を拡大し，大企業・スタートアップ・官公庁等の間での人の行き来が活発になることで，社会課題を解決すべく，その経験で培ったノウハウ等を活用し，起業が自ずと有力な選択肢となっていくことが期待される。

アントレプレナーシップ教育に重きを置いたSEH（Super Entrepreneurship Highschool）を創設し，プログラムの開発・実施をはじめとした取組みを産学官一体で支援することも経団連が提唱しており，その本格的導入を期待したい。経団連も中期ビジョンに掲げた数値目標を達成すべく，スタートアップとの連携を強めてほしい。

学術面では，日本ベンチャー学会が2020年４月７日の政府の緊急事態宣言発令直後の４月８日に「緊急提言 新型コロナウイルス禍からの復活—課題解決先進国として，我が国は再びベンチャー大国を目指す」を発表し，我が国が国難を乗り切るためにはベンチャー企業こそが主役であるという基本認識に立ち，課題先進国である我が国が課題解決先進国に脱皮・変身するために当事者意識をもって行動を起こさなければならない，と宣言した。また，2021年８月には日本ニュービジネス協議会連合会（JNB）と連名による「しなやかな日本づくりのためのプライベートマーケットの整備 —中小企業・ベンチャー企業の成長支援に資する国内未上場株式の市場の整備について」を共同提言している。起業家教育については，教育に携わる研究者に加えて，スタートアップ支援に関わる実務者も多い学会だけに，今こそ実行力が問われるところであろう。

政府としては2022年11月に策定の「スタートアップ育成５か年計画」で定

めた推進すべき施策を，KPIを置いて司令塔組織にて実施状況をモニタリングすべきである。「スタートアップ担当大臣，スタートアップ庁の創設」はその必要事項である。SBIRや公共調達におけるスタートアップの活用目標の設定機能，さらにその実現状況が芳しくない省庁への勧告権を司令塔組織へ付与する等，実効性の担保を図り，計画倒れにならないよう，今回こそは実現に向かって推進してほしい。

本気で産学官連携で起業家教育を実施し，成果を出すタイミングであると強く考える。

注

1 「新しい資本主義のグランドデザイン及び実行計画～人・技術・スタートアップへの投資の実現～」（令和４年６月７日閣議決定）p.18. 内閣官房ウェブサイト https://www.cas.go.jp/jp/seisaku/atarashii_sihonsyugi/pdf/ap2022.pdf

2 中小企業庁編『2022年版中小企業白書・小規模企業白書』2022, p.30. https://www.chusho.meti.go.jp/pamflet/hakusyo/2022/PDF/chusho/00Hakusyo_zentai.pdf

3 Global Entrepreneurship Monitor, 2021/2022 Global Report: Opportunity amid disruption, 2022, p.86. https://www.gemconsortium.org/file/open?fileId=50900

4 https://www.meti.go.jp/press/2022/05/20220531001/20220531001-1.pdf

5 個人と組織の成長の方向性が連同していて，互いに貢献し合える関係

6 https://www.meti.go.jp/shingikai/economy/mirai_jinzai/pdf/001_04_00.pdf

7 https://www.meti.go.jp/policy/economy/jinteki_shihon/pdf/report2.0.pdf

8 「橋本内閣が進める六つの改革～橋本総理からのメッセージ～」1997.5. 首相官邸ウェブサイト https://warp.ndl.go.jp/info:ndljp/pid/12251721/

9 株式会社大和総研（経済産業省委託調査）『平成20年度大学・大学院における起業家教育実態調査報告書（本編）』2009.2, p.25.

10 https://www.meti.go.jp/policy/newbusiness/downloadfiles/jireisyu.pdf

11 https://www.meti.go.jp/policy/newbusiness/downloadfiles/jireisyu.pdf

12 「スタートアップ躍進ビジョン」https://www.keidanren.or.jp/policy/2022/024_honbun.html

参考文献

株式会社大和総研（経済産業省委託調査）(2008)『平成20年度大学・大学院における起業家教育実態調査報告書（本編）』
熊野正樹（2014）『ベンチャー起業家社会の実現―起業家教育とエコシステムの構築』ナカニシヤ出版
経済産業省「小学校・中学校・高等学校における実践的な教育の導入例」2015年
経済産業省「人材版伊藤レポート2.0」(2020年５月)
経済産業省（2022)「人的資本経営の実現に向けた検討会報告書～人材版伊藤レポート2.0」
酒井友紀子，高見啓一（2017)「イノベーション起業家育成教育 ―起業家育成プログラム開発に向けて（１)」鈴鹿大学紀要23 p137-156, 2017-03-10
中小企業庁編（2022)『2022年版中小企業白書・小規模企業白書』
遠山浩，谷口寛（2020)「大学で求められる起業家教育」専修マネジメント・ジャーナル10（１), p39-51.
内閣官房（2022)「新しい資本主義のグランドデザイン及び実行計画～人・技術・スタートアップへの投資の実現～」
日本ニュービジネス協議会連合会（JNB)「しなやかな日本づくりのためのプライベートマーケットの整備－中小企業・ベンチャー企業の成長支援に資する国内未上場株式の市場の整備について」
日本ベンチャー学会「緊急提言 新型コロナウイルス禍からの復活―課題先進国としてわが国が再びベンチャー大国を目指す」
松井克文，牧野恵美他（2020)「起業家によるゲスト講義を中心とした起業家教育プログラムの効果」日本ベンチャー学会誌36（０), p29-43
労働政策研究・研修機構「職務構造に関する研究Ⅱ」
早稲田大学EDGE-NEXT
渡邊万里子，漆紫穂子他（2022)「早期アントレプレナーシップ教育が起業家コンピテンシーに及ぼす影響」経営情報学会　全国研究発表大会要旨集202111（０), p401-404
World Economic Forum “The future of jobs report 2020”
「スタートアップ育成５か年計画」
https://www.cas.go.jp/jp/seisaku/atarashii_sihonsyugi/kaigi/dai13/shiryou1.pdf

第7章

(宮地正人)

東南アジアのスタートアップ：スタートアップ支援の未来像と日本への転用と進化

課題：アジアスタートアップの成功に如何に日本を組み入れるか

日本と類似した特徴・弱点を持つベンチャー後発国の韓国がスタートアップの資金調達額やユニコーン数で日本に肩を並べた。日本のスタートアップ市場が東南アジアやアジアから取り残されなくするにはどうすればよいか。

提言：日本のスタートアップのターゲット市場を当初より日本のみでなくアジアへの展開を前提としたものにすべき

日本のスタートアップが日本国内市場のみをターゲットにしている限りはその育成も成功も限界。海外の旺盛なVCからも着目されない。当初のビジネスモデル構築段階からアジア市場，ひいてはグローバル展開を展望すべき。

1　東南アジア／Venture（スタートアップ）市場の黎明と発展

(1)　世界のVenture（スタートアップ）市場の変遷と変貌

スタートアップの歴史を紐解くことは，ベンチャーキャピタルの歴史を紐解くことに他ならない。そして，ベンチャーキャピタルの歴史は，ボストンを拠点とするアメリカン・リサーチ＆デベロップメント・コーポレーション（ARDC）が設立された1946年に始まったとするのが定説であろう。ARDCは，昨今のベンチャーキャピタルと似た形式で，スタートアップ企業へのロングテール投資を体系的に試みた最初の集団のうちの１社だったと言える。ARDCの登場から半世紀を経て，東海岸から西海岸にその主軸は移動する。

1960年代の後半から1980年代末までが，アメリカにおけるベンチャーキャピタルの転換期にあたる。西海岸におけるシリコンバレーの誕生である。

1980年のアップル・コンピュータの新規株式公開を皮切りに，スタートアップ市場は好景気と不景気のサイクル，そして2000年前後のITバブル崩壊も経験する。

その後，2000年からの20年間，シリコンバレーを中心に緩やかな発展とGAFAの誕生を経験していくが，2015年前後からシリコンバレーのエコシステムは，世界に拡大していく。特にコロナ禍の世界的なビジネスモデルやライフスタイルの転換はスタートアップ市場に大きな発展の機会を与えた。

スタートアップ市場の発展を測る指標は大きく二つある。一つは資金調達額であり，もう一つはユニコーン企業数である。**図表７-１**にあるように，世界のスタートアップへの投資は2021年に前年比で111％増加し，6,210億ドルに達した。これに連動して**図表７-２**にあるように，世界のユニコーン企業数も年々増加，2021年には約1,000社に達しようという勢いである。

図表７-１　世界のスタートアップへの投資額

STATE OF VENTURE GLOBAL TRENDS INVESTMENT TRENDS

Global funding increases 111% YoY to reach $621B

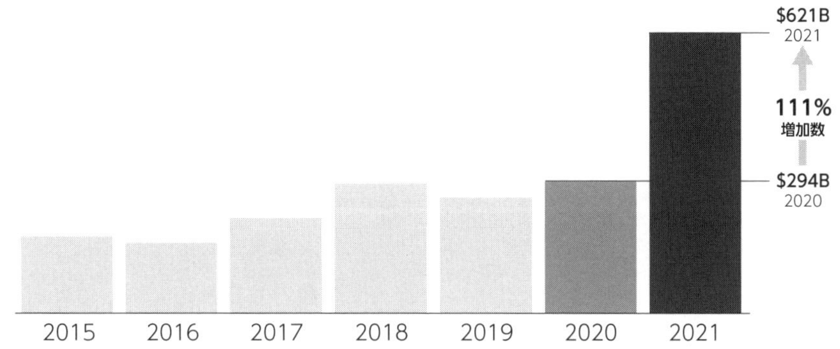

出所：Sate Of Venture 2021 Report / January 12, 2022

図表７-２　世界のユニコーン企業数

STATE OF VENTURE GLOBAL TRENDS UNICORNS & VALUATIONS

Global unicorn count reaches a new high of 959

959
unicorns
Q4 2021
69%
年間増加率
569
unicorns
Q4 2020

Q1 Q2 Q3 Q4	Q1 Q2 Q3 Q4	Q1 Q2 Q3 Q4	Q1 Q2 Q3 Q4	Q1 Q2 Q3 Q4	Q1 Q2 Q3 Q4	Q1 Q2 Q3 Q4
2015	2016	2017	2018	2019	2020	2021

出所：Sate Of Venture 2021 Report / January 12, 2022

⑵　アジア市場勃興の背景

図表7-3をご覧いただきたい。2010年代以降，引き続き米国シリコンバレーの発展は顕著ではあるが，2014年あたりから中国・インド・インドネシア，そして，これらの他にイスラエルなどといった米国外のスタートアップの資金調達の増加が顕著になる。

図表7-4で更に地域別の内訳を見ると，アジアはユニコーン数で米国に次ぐ２番目の市場と言える。インターネットの普及に伴うオンラインサービスの拡大，高い経済成長や人口動態を背景に多くのスタートアップが誕生してユニコーン化を遂げている。**図表7-5**にあるとおり，スタートアップへの投資額も一時新型コロナウイルス感染拡大による後退時期を経験しながらも，増加トレンドが継続，2021年には過去最高額の投資額を記録している。

図表7-3　世界のベンチャー投資の推移

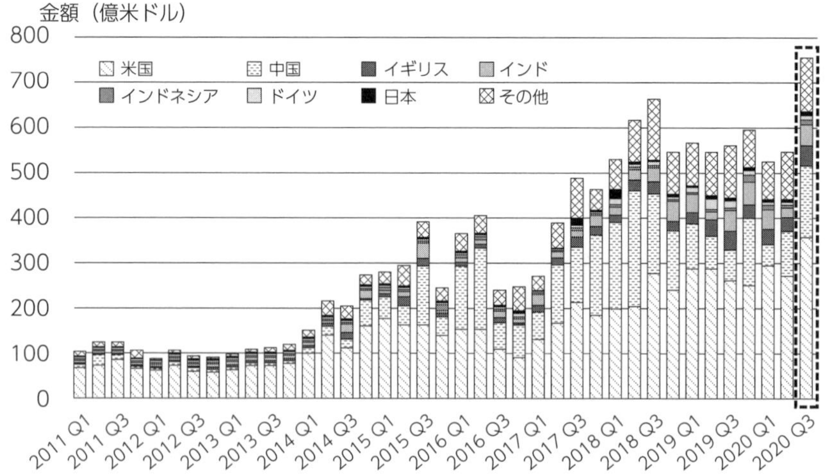

注：期間：2011年１月～2020年９月　国の分類は資金調達企業の所在国に基づく
出所：Bloombergのデータをもとにニッセイ基礎研究所作成

図表７-４　世界のユニコーンの地域別総数

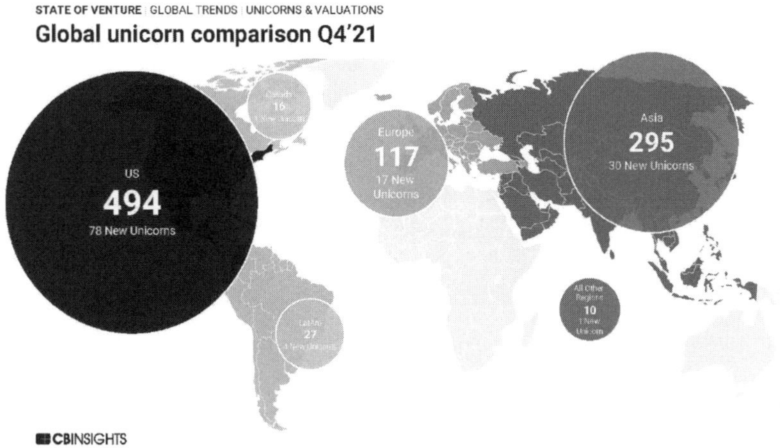

出所：Sate Of Venture 2021 Report / January 12, 2022

図表７-５　スタートアップ投資額と投資件数

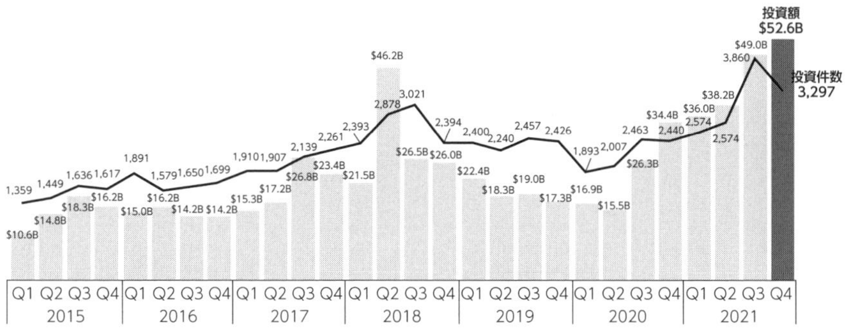

出所：Sate Of Venture 2021 Report / January 12, 2022

⑶ 何故アジア市場であったのか？

アジアにおいてスタートアップ市場が拡大している要因は主に３点あるように思う。①高い経済成長率，②増加基調を継続する人口動態，③デジタル化の急速な発展と豊富なテック人材，である。

最初の２点，高いGDP成長率と人口増加率は豊富な中間層を生む。日本の昭和30年から50年代を思い出していただきたい。こうした中間層のニーズは多岐に渡り，中間層向けのビジネスがどんどんスタートアップによってもたらされてきた。

仮に中間層の定義を「一日に10ドルから100ドルを稼ぐ，または支出する世帯」とした場合，その割合は，日本ではすでに97％，シンガポールも80％に達し，横ばいで推移している。一方，マレーシアでは2000年の30％から2025年には70％，タイでは20％から75％に達すると言われている。インドネシアでは2025年にはまだ37％と言われているが，圧倒的な人口増加率と人口規模を踏まえれば，中間層の拡大は言わずもがなであり，スタートアップ市場としての重要性は極めて高いと言える。

もう一つの重要な要素がデジタル化の急速な発展と豊富なテック人材である。インターネットや携帯電話の普及率は日本と遜色はないどころか，インターネット，SNSの利用時間はすでに日本を凌駕しており，ウェブトラフィックに占めるモバイルの割合も日本を大幅に上回っている。これは俗にいうリープフロッグエフェクト（蛙飛び効果）と呼ばれる。日本のようにパソコンから始まりガラケー，スマートフォンという発展過程を経ず，一足飛びにスマートフォンによるデジタル化の普及が進展している現象である。

また，東南アジア・インドから米国への留学者数が趨勢的に増加していることもテック人材を支える重要な要素である。米国でスタートアップ文化に触れたり，自国にないが米国にあるサービスや商品を見つけて，自国でビジ

図表7-6　東南アジアのユニコーン上位20社

1	sea	11	traveloka
2	Grab	12	Acronis
3	goto	13	TR
4	Lazada	14	VNG
5	J&T EXPRESS	15	BIGO LIVE
6	bukalapak	16	ninjavan
7	RAZER	17	ascend money
8	HyalRoute	18	NTI
9	Kredivo	19	trax
10	OVO	20	carousell

出所：筆者が編集して作成

ネス化するなど，その裾野を広げる役割を果たしている。

(4)　アジア型ユニコーンの登場と拡大

本節の最後として，アジアにおけるスタートアップのユニコーン化拡大の背景を考察する。**図表7-6**は東南アジアのユニコーン上位20社の一覧表であり，これらユニコーンには，主に3つのMobilityと1つのFlexibilityがキーであると考える。

一つ目は人材のMobility，多国籍化である。アジアにおいてユニコーン化した企業を見ていくと，その創業者の多くが域外出身者であったり，域外を経験して自国に戻る，あるいはそのパートナーが域外・自国外の出身である，というケースがみられる。多国籍化することにより，既成概念に拘らない発想が生まれ，市場としても自国のみならずアジアをターゲットにしてビジネスモデルを構築できることが成長の要因と言えよう。

二つ目は，モデルのMobility。「タイムマシン経営」と呼ばれるもので，先進国で成功したビジネスモデルを東南アジアに持ってきて展開することである。GrabがUberをベースとしたことは有名だが，ドイツ人創業者のRocket Internetなどが次々とタイムマシン経営による創業を繰り返していることも一つの事例と言えよう。

三つ目は，官民のMobility。アジア各国政府による政策的なスタートアップへの支援である。シンガポールが2000年代から先陣を切ったことは有名だが，後にマレーシア，タイ，フィリピンが続き，インドネシア，ベトナムでも政府支援は拡大している。どの国も「自国にシリコンバレーを」のスローガンは必ず掲げているのである。

最後に，東南アジアのスタートアップは初期段階のターゲット市場を自国に置く企業も，会社自体はシンガポールに設立するケースが圧倒的に多い。これはシンガポールという都市国家が，「スマートネーション」「知識イノベーション集約型経済国家」の構築に向け，スタートアップ招致に対するFlexibility を高めているということが背景にある。創業のためのインフラの整備，短期間かつ低コストでの会社設立，法人税率の低さ，東南アジア各国の情報が集約している点，ハイスペック多国籍人材が集積していること，などの利点を，国家を挙げて強化している。

2 東南アジアの発展経路に見る日本Venture（スタートアップ）市場との違い

(1) 日本のVenture（スタートアップ）市場の限界と違い

では，こうして急激な発展を遂げている東南アジアのVenture市場と先行市場でもあったはずの日本市場とは何が違っていたのだろうか。

一つは市場全般の経済成長率であり，もう一つは資金調達市場の成熟度合いであろう。東南アジアの2010年から2020年の平均GDP成長率は約６－８％に対し，日本は1.0％であり，人口増加率も東南アジアの平均値に対して日本ははるかに低い。東南アジアでは，この人口増加に伴い自国内にも十分なマーケットの成長余地がある一方，日本はマーケットが縮小する中，SaaS型ビジネスはスケールメリットを享受することが困難。また，日本には言語の壁もあり，初期段階において海外市場に展開するスタートアップが少ない。

また，資金調達環境を見ても，東南アジアにはスタートアップ投資を行うVCが多い一方，日本はまだ未成熟である。日本のスタートアップ投資は十分なリターンが見込めないため，海外有力VCにとっても魅力的な投資マーケットとして認知されておらず，結果的に，海外有力VCからの経営支援・サポート体制が不十分となり，国内スタートアップの育成も進まない結果に陥っている。

⑵　韓国でのスタートアップ育成事例

この間，後発であったインドや韓国でも，急速にスタートアップの成功事例が見られ，ユニコーン化を遂げた企業も多い。これらのスタートアップは漏れなく，企業初期の段階から，積極的に海外市場への進出を前提として更なる成長を遂げている。

特に，韓国では，人口増加率やGDP成長率の観点から日本と類似した市場環境にあって，官民一体化で取り組んだスタートアップ育成が成功しており，この事例は参考に値する。韓国の2021年のスタートアップの資金調達額は**図表７-７**の通り64億ドル，とほぼ日本と同水準になってきている。GDPは日本の1/3程度でありながらである。また，**図表７-８**の通り，ユニコーン数は日本の６社に対して15社と倍以上ある。この背景には何があったのだろうか。

図表7-7　韓国スタートアップの資金調達額推移

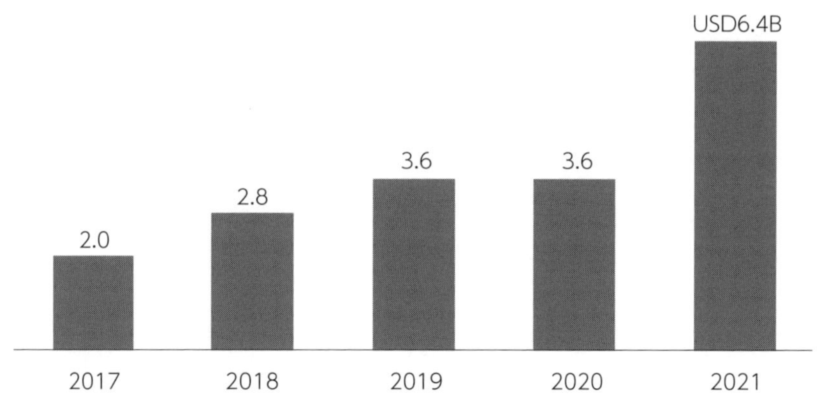

出所：World Economic Forum記事及びCB Insights等より作成

図表7-8　韓国ユニコーン企業リスト（2022/7/27時点）

#	Company	Date Joined	Industry
1	Toss	2018/12/9	Fintech
2	Yello Mobile	2014/11/11	Mobile & telecommunications
3	Kurly	2021/7/9	Supply chain, logistics, & delivery
4	WEMAKEPRICE	2015/9/9	E-commerce & direct-to-consumer
5	MUSINSA	2019/11/11	E-commerce & direct-to-consumer
6	ZigBang	2022/6/7	Mobile & telecommunications
7	Bucketplace	2022/5/9	E-commerce & direct-to-consumer
8	RIDI	2022/1/24	E-commerce & direct-to-consumer
9	GPclub	2018/10/22	Other
10	L&P Cosmetic	2016/1/1	Consumer & retail
11	Aprogen	2019/5/31	Health
12	Yanolja	2019/6/10	Travel
13	Socar	2020/10/16	Auto & transportation
14	Dunamu	2021/7/22	Fintech
15	IGAWorks	2021/11/8	Internet software & services

出所：CB Insightsデータより筆者が編集して作成

一言で言えば，官民が一体となって様々なインキュベーション，アクセラレータ施策が進められ，国全体でスタートアップ育成の潮流ができつつあることが挙げられる。まず，2013年に政府によりソウル近郊のパンギョ・テクノバレーにStartup Campusが設立され，アクセラレータを含む各種支援機関が集積してスタートアップ企業を支援する体制が整備された。さらに，2014年以降主要19都市に「創造経済革新センター」が設置され，各地方自治体，大企業，研究機関，金融機関が一体となって，リソースに乏しいスタートアップに対してイノベーション，ネットワークのハブ機能を提供し，スタートアップの支援を図る体制を構築している。民間ベースでもこれに呼応する形で，2015年５月に，アジア初のGoogle Campusがソウルに設置された（東京では2019年）。

⑶　日本＆東南アジアからアジア市場へ

東南アジアのスタートアップの勃興や韓国のユニコーンの登場の背景を見るにつけても，日本のスタートアップが日本国内の市場のみをターゲットにしている限りはその育成も成功も限界があろう。歴史的，文化的，近似性と地政学的近さを生かして，日本からアジア市場へ，ひいてはグローバル展開を展望することで日本のスタートアップにも成長の可能性が出てくるのではないだろうか。そして，これをサポートできる官民一体の環境作りも必要不可欠と言える。

3 実践的分析と考察のための実態例：MGCの挑戦

(1) Growth Debt Capitalという名のEquity代替

こうして急速に発達するアジアスタートアップ市場において急速に高まる資金調達ニーズにデットという形で応えようとするユニークなプロジェクトが立ち上がった。日本のトップバンクであるMUFGとイスラエルのフィンテックスタートアップであるLiquidity Capital社の合弁企業としてシンガポールに起業されたMars Growth Capital（“MGC”）である。

東南アジアのスタートアップの優勝劣敗の見極めは早い。起業直後のマーケティングに成功し，何度かの資金調達と事業拡大を経て，次の成長ステージに入って行こうとした時，創業者は必ず更なる資金調達を前にして立ち止まる。IPOやM&Aでのエグジットを目指す創業者としては，これ以上の増資による株式希薄化は避けたい，しかし，事業拡大には資金が必要。

一定の成功を遂げたスタートアップは常にこうした課題を抱えており，可能であれば株式希薄化を回避可能なデットでの資金調達を，というニーズは高い。しかしながら，既存の金融機関（ここでは規制業種としての銀行中心）は，一般的に業歴が浅く，期間損益が赤字となるスタートアップに対する信用リスク判断が簡単にはできず，これまで，こうしたニーズに応えられてこなかった。

規制業種外（銀行外のいわゆるノンバンク）においては，ベンチャー市場へのデット支援は，米国では「ベンチャーデット」と呼ばれる全資産担保貸出による支援を行うプレーヤーも存在（主にシリコンバレー在のノンバンク，

Silicon Valley Bank等が有名）し，マーケットの一翼を担ってきたが，信用補完として担保を差し出す点について，事業者側の抵抗感はそれなりに存在している。

これに対し，MGCの貸出形態はこれらとは一線を画すものと位置づけている。自身でも「ベンチャーデット」とは呼ばず，「Growth Debt（グロースデット）」と呼ぶ。全資産担保という形で信用補完を行うのではなく，AIを活用した将来キャッシュフロー予測・将来成長予測をベースとする審査モ

図表７-９　AIがはじきだすスコアリングのイメージ図

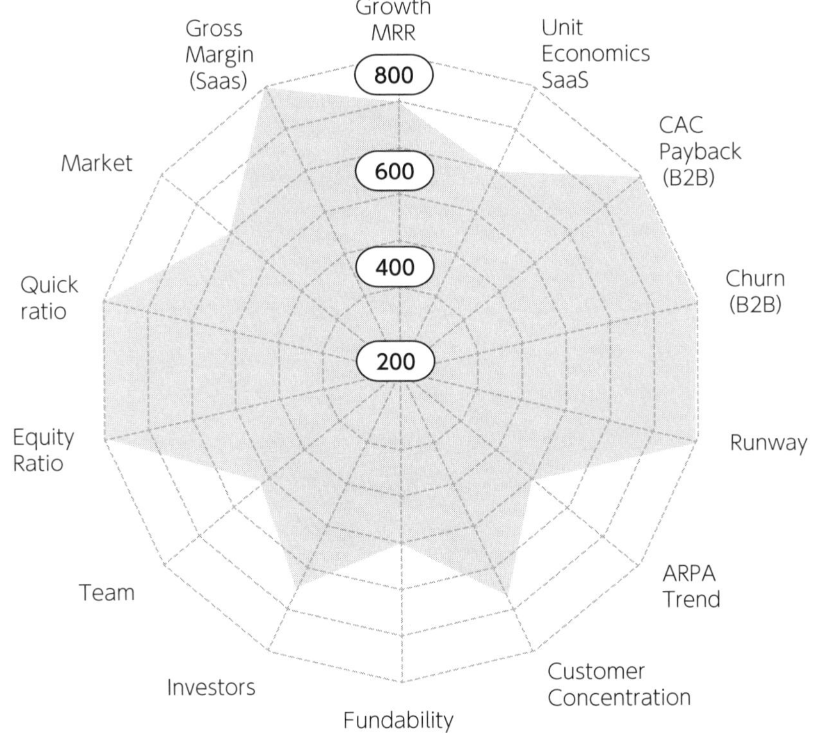

出所：日本経済新聞社取材記事より掲載

デルの確立，API連携によるタイムリーなモニタリングメカニズムと適切な貸出実行条件の設定により，従来困難であった信用リスク判断と信用補完を可能にしつつ，事業者・経営者側のニーズにフィットするファイナンス手法を提供しているのである（**図表7-9**）。

⑵　AIがなぜサブスクビジネスに有効なのか

Unit Economicsという考え方がある。

SNSやスマートフォンを中心とした「サブスクリプション型ビジネス」では，月間収益等の期間収益と顧客獲得にかかるマーケティングコストとの連関性が高く，将来の収益成長率が予測しやすい（**図表7-10**）。即ち，サブスク型ビジネスの成否のカギは，①成長を支える外部からの資金調達力，②効率的なマーケティング活動を通じた新規ユーザー獲得，③魅力的なサービ

図表7-10　サブスクリプション型ビジネスのマーケティングコストと将来キャッシュフロー

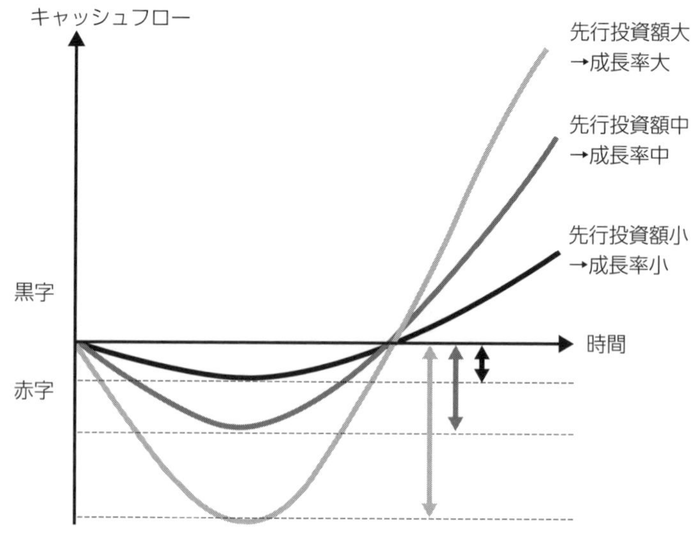

出所：筆者が編集して作成

ス提供による既存ユーザーの維持，の３点である。MGCはここに着目し，過去の２万社以上のデータをAIが学習し，顧客の将来成長性を予測するとともに，業況の変化やキャッシュフローの変調を検知するモデルを開発。API連携を通じてリアルタイムで得られる顧客データをAIで分析し企業の将来成長性を評価している。

⑶　MGCの成功要因

MGCは準備期間１年を経て，設立１年半で総額500百万ドルにファンド規模を拡大し，これまでに，1,000社超のスタートアップとコンタクトし，22社と契約を締結，IRRは約14％の水準で，順調に投資額を積み上げている（**図表７-11**，数値はすべて2022年７月時点）。

図表7-11　ネットキャッシュ投資額推移（百万米ドル）

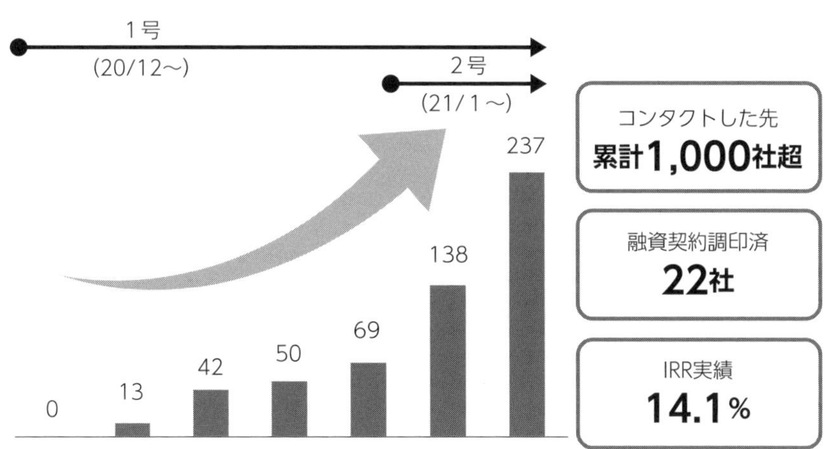

出所：筆者が編集して作成

こうしたMGCのこれまでの成功要因は，以下の３点。

① 成長ステージのスタートアップ企業の旺盛な資金調達ニーズの存在
② デット調達のメリットが大きく，相応に高い金利水準を設定可能
③ スタートアップのデットファイナンスをAI審査モデルにより実現

⑷ MGCの日本上陸はありうるか

日本での同様のスタートアップ向けデット調達ソースは，これまであまり存在しなかった。その背景としては①対象となるスタートアップの数がまだまだ少ないこと，②低金利環境下でリターンが見込めないこと，が挙げられよう。

一方で，一部のSaaS企業の中には株式希薄化回避のため，まとまった金額を多少高めの金利を支払ってでもデットで調達したいというニーズが存在する。この需要に着目し，近年国内でベンチャーデットを提供するプレイヤーは複数登場するなど，注目度が高まっている。

ベンチャー企業の育成は資金調達環境の充実がセットとなる。国内でベンチャーデット（またはグロースデット）が拡大し，企業にとっての資金調達のオプションが増えることはベンチャー企業マーケット拡大の契機となりうると考える。

⑸ Mars DebtからEquity

MGCによるグロースデットの提供は，これまで金融機関が応えきれていなかったスタートアップのデットニーズに応えてきたという意味では画期的なビジネスモデルと言える。また，ダイナミックでスピード感のある東南アジア市場であればこそ初期的成功を遂げられたとも言える。

一方で，エクイティ出資を行うVCはこれまでスタートアップの成長過程

で経営アドバイスを行ったり必要なリソースをサポートしたりする等，重要な役割を担ってきたことも事実であり，スタートアップを育成するためにはデット・エクイティの両面でのサポートが必要不可欠と言える。

前述の通り，高い経済成長率及びテック領域の普及余地の大きさに牽引される形で，アジアにおけるスタートアップ市場の成長期待（＝デット・エクイティ両面での資金流入超）は引き続き大きいと言える。

一方で，米国との対比ではマーケットの成熟度に大きな差があることも事実。米国では，スタートアップ企業向けのVC向け投融資のエグジットは，IPOによる上場に限らず，SPAC上場や大手テック企業によるLBO，プライベートマーケットにおけるセカンダリー取引，証券化取引等，多くの手法が検討され得る。これは，冒頭に申し上げたベンチャー市場発展の経緯やBDC（1980年，中堅・中小企業向け投資促進のために制定されたSmall Business Investment Incentive Act）等の政府支援により，市場参加者（投資家）が長きに亘り育成されてきた歴史の賜物ともいえよう。

アジアのユニコーン企業の多くが，最終的に米国進出・米国市場での上場に目を向けるのは，この厚い米国市場へのアクセスを目論むためでもあるが，逆に言えば，アジアのスタートアップ市場の今後のサステナブルな成長に向けた成否は，今後アジアのスタートアップ市場において，安定的かつ多様な投資家層・投資チャネルを形成できるか否かが鍵となってこよう。MGCもその一翼を担うことを自身のミッションとしている。

参考文献

アンドリュー・ロマンス（2017）（増島雅和・松本守祥監訳）『CVCコーポレートベンチャーキャピタル―グローバルビジネスを勝ち抜く新たな経営戦略』ダイヤモンド社

小川周哉・竹内信紀編著（2019）『スタートアップ投資ガイドブック』日経BP

倉林陽（2017）『コーポレートベンチャーキャピタルの実務』中央経済社

グロービス・キャピタル・パートナーズ（2022）（福島智史訳）『ベンチャーキャピタ

ルの実務』東洋経済新報社
幸田博人編著（2020）『プライベート・エクイティ投資の実践』中央経済社
トム・ニコラス（2022）（鈴木立哉訳）『ベンチャーキャピタル全史』新潮社
中村幸一郎（2022）『スタートアップ投資のセオリー――米国のベンチャー・キャピタリストは何を見ているか』（カウフマン・フェローズ・プログラム協力）ダイヤモンド社
長谷川博和（2007）『［決定版］ベンチャーキャピタリストの実務』東洋経済新報社
一般財団法人ベンチャーエンタープライズセンター（2022）『ベンチャー白書2022』
KDDI∞Labo（2022）『スタートアップス―日本を再生させる答えがここにある―』日経BP

第8章

（野長瀬裕二）

地域科学技術：地域イノベーション・適疎戦略推進に意欲ある企業家・自治体支援策の充実

課題：急激な人口減少が進展する地方圏におけるイノベーション創出の不足

立地要因において不利な地方自治体において，急激な人口減少が生じている。地方圏におけるイノベーション創出，大学の知の活用が不足している。

提言：地域イノベーション，適疎戦略推進に意欲ある企業家・自治体支援策の充実

人口減少地域にて，新事業創造に挑む地域企業家，地域における生活の質（QOL）確保に挑む自治体支援を同時並行的に充実させていくことが必要である。

本章においては，主として三大都市圏以外の地方の地域活性化や地域イノベーションについて論ずることとする。わが国は，長期的な人口減少トレンドに入っている。小手先の改革ではどうにもならない状況が間近に迫っている。地域の大学を核とした技術開発や産学連携を通じて，いかに地域イノベーションを創出するかが問われつつある。

本章では，まず地方の人口減少（第１節）について論じた後，立地要因と過疎化（第２節），地域科学技術を基礎とした新事業創造（第３節）について，事例を紹介しつつ論ずることとする。

1　地方の人口減少

図表８－１に示されている通り，2022年の４月15日にショッキングなデータが公表された。

2021年10月１日時点の日本の人口は，沖縄県を除く全ての都道府県で減少していたのだ。これまで，東京都とその周辺の埼玉県，神奈川県，千葉県の人口は戦後一貫して増え続けてきたがマイナスに転じた。

九州の中核である福岡県，中京地方の愛知県の人口も減少に転じた。

もちろん，福岡市，名古屋市等の政令指定都市以外の地域で人口減少が見られるのであり，大阪府や宮城県でも同様の状況である。各地域の中核的府県の人口は，周辺県から人を吸引し増え，東京への流出や少子化により，トータルで微減状況である。

各地域の中核的府県では人口微減だが，その周辺県では0.5－1.5％と前年比で大幅に減少している。周辺県では，今後さらなる急速な過疎化が進展していくことが想定される。

長期的には，中核的府県においても周辺が過疎化すると吸引力が弱くなり，非線形な減少カーブに転じていく可能性がある。**図表８-１**から，そうしたわが国の状況が見てとれる。

もちろん，2021年は外国人の入国制限の影響があるので，パンデミックが収まると若干の揺り戻しがあろうが長期的なトレンドは変わらない。

図表８-２は令和２年版厚生労働白書に掲載されている日本の人口推移である。

リーマンショックのあった2008年頃に日本の人口はピークアウトしている。

図表８-２は2040年までに日本の人口が１億人に近づいていくことを示しているが，今20歳前後の大学生達が50歳に達する頃，日本の人口は１億人を切っていると推計されている。

図表８-１　都道府県別人口推計

（単位　%）

人口増減率順位	都道府県	人口増減率		人口増減率順位	都道府県	人口増減率		人口増減率順位	都道府県	人口増減率	
		2021年	2020年			2021年	2020年			2021年	2020年
－	全　国	－0.51	－0.32	16	岡山県	－0.64	－0.44	32	鳥取県	－0.86	－0.71
1	沖縄県	0.07	0.41	17	群馬県	－0.65	－0.50	33	岐阜県	－0.90	－0.69
2	神奈川県	－0.01	0.14	17	石川県	－0.65	－0.60	34	富山県	－0.91	－0.81
3	埼玉県	－0.06	0.04	17	京都府	－0.65	－0.52	35	島根県	－0.93	－0.93
4	千葉県	－0.15	0.03	20	佐賀県	－0.67	－0.63	36	和歌山県	－0.97	－0.93
5	滋賀県	－0.22	－0.17	21	奈良県	－0.69	－0.65	37	愛媛県	－1.04	－0.85
5	福岡県	－0.22	0.02	22	静岡県	－0.70	－0.54	38	徳島県	－1.05	－1.13
7	東京都	－0.27	0.29	23	長野県	－0.72	－0.63	39	山口県	－1.08	－1.07
8	愛知県	－0.34	－0.19	23	広島県	－0.72	－0.46	39	高知県	－1.08	－1.11
9	大阪府	－0.36	－0.05	25	鹿児島県	－0.75	－0.85	41	新潟県	－1.10	－1.02
10	宮城県	－0.51	－0.42	26	宮崎県	－0.78	－0.70	42	岩手県	－1.16	－1.23
11	茨城県	－0.53	－0.42	27	北海道	－0.80	－0.66	42	福島県	－1.16	－1.01
12	山梨県	－0.57	－0.63	28	三重県	－0.82	－0.69	44	長崎県	－1.18	－1.11
13	熊本県	－0.58	－0.64	29	福井県	－0.84	－0.59	45	山形県	－1.23	－1.09
14	兵庫県	－0.60	－0.41	29	香川県	－0.84	－0.78	46	青森県	－1.35	－1.16
15	栃木県	－0.61	－0.52	29	大分県	－0.84	－0.94	47	秋田県	－1.52	－1.30

注）人口増減率（%）＝ $\frac{\text{人口増減（前年10月〜当年９月）}}{\text{前年10月１日現在人口}}$ ×100

　　人口増減　＝　自然増減＋社会増減

出所：総務省統計局人口推計，2022年４月15日公表，2021年10月１日現在

図表8-2　日本の人口の長期推移

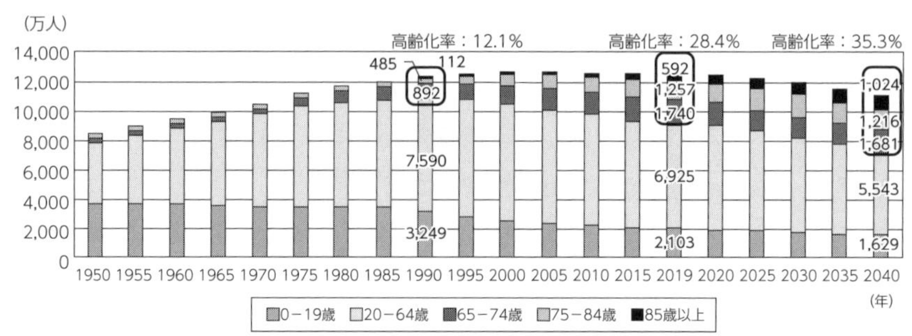

資料：2015年までは総務省統計局「国勢調査」，2019年は総務省統計局「人口推計」による10月1日確定値，2020年以降は国立社会保障・人口問題研究所「日本の将来推計人口（平成29年推計）」における出生中位・死亡中位推計。

出所：令和２年版厚生労働白書

毎年生まれる子供の数は国により正確に把握されているので，将来の日本の人口についての推計はある程度信頼できよう。この推計値が変わるとするなら，移民の受け入れに関する国家的合意がなされるか否かに依存している。アメリカの人口は移民流入により増えており，GAFAと呼ばれる成長企業群の経営チームは多彩な人種により構成されている。

しかし，移民による人口急増は，既存国民との軋轢を生む。日本人が，その痛みに耐えられるのかである。

2022年に凶弾に倒れた安倍晋三元首相の長期政権下では，金融緩和策などのアベノミクスにより労働力が急増した。1997年に生産労働人口がピークアウトしてから，20年余が経過しているのに労働市場に参加する人口は増えたのである。

学生達の就職内定率が高まり，主婦層やシニア層も労働市場に参加したからだ。

まさに「１億総活躍社会」であった。雇用状況がよいことは，長期政権の支持基盤となった。

一方，１億総活躍状況で，さらに一段の好況が到来したならどうなったであろう。

本格的な労働人口不足が露呈するべきところにパンデミックが到来したというのが2020－2022年の状況である。

長期的には，日本の人口が今後2,000万人減少すると，単純計算で毎日6,000万食の食事の需要が減少する。小売業，卸売業，外食産業の市場規模に影響することは間違いない。

教育や結婚関連などのサービス業の市場も縮小する。

今，日本国内需要のみに依存して事業を行っている地域企業はどうするべきか。

独自性と参入障壁を高めていくか，国内商圏を拡げ規模の経済性を向上させていく。あるいは，海外事業展開していくことになる。

それらのいずれか，あるいは複数の選択肢を生き残るために選ばねばならない。

日本全体が縮小し，地方圏はさらに急速に縮小していく。

この流れを断ち切るには，個別の自治体，個別の地域企業が，地域イノベーションを通じて生き残ろうと努力するしかない。もはや，国が全てを面倒見ることは難しい。

先進企業の多くは，生産年齢人口がピークアウトした20世紀末に人口に関する長期的な仮説を立案しており，近年の人口減少は織り込み済みである。先見性のある企業も自治体も，生存のための戦略を既に打ち出している。

しかし，未だ戦略を持たない企業や自治体も，努力をはじめるのに遅すぎることはない。

最新の知識を武器に，危機感を持ち，企業家は地域イノベーションに挑み，自治体は働く人の生活環境を支える努力をする他ないのである。

2 立地要因と過疎化

前節で述べた通り，地域経済の活力は，人口減少により立地要因の条件が悪い市町村から失われていく。立地要因とは何か。一言で言うなら，企業，産業が立地する際に影響する諸要因であり，**図表８-３**に示される通りである。**図表８-１**にて年間１％以上人口が減少している府県は，立地要因の点で条件的に恵まれていないと言えよう。

例えば，大市場までの距離が遠く，労働者が集めにくい。

最近は一定の産業集積があるのに，労働者が人口減少により集まらないという状況がいくつかの地域で散見される。

Weber, A（1922）の工業立地論では，一般的立地要因として，輸送費，労働費，地代を挙げ，特殊立地要因として，原料の腐敗，湿度や流水の影響といった環境・安全面の事柄を挙げている。その他，Weberは，自然的，技術的立地要因，社会的，文化的立地要因についても述べている。

Weberの工業立地論では，工場から顧客までの輸送費，供給業者から工場までの原材料の輸送費に大きな関心が払われている。これは，工場という現場機能をどこに立地するかという観点では，現代においても通用する論理である。

しかし，現代のものづくり企業は，グローバルな競争環境下にあり，研究開発，デザイン，企画等のイノベーションに関連する諸機能を各社が磨いている。これら諸機能をカバーした体系的な立地要因分析が求められる時代となりつつある。

Weberによる分類を基礎に，立地要因体系を，**図表８-３**に示される通り，１）地域の自然環境要因，２）社会・文化要因，３）経済性要因，に大別することができる。さらに経済性要因を，3a）費用低減要因，3b）付加価値向上要因，に二分する。

1）の自然環境要因は，例えば，地域が海に近いのか，平野部なのか，災害が多いのか，交通の要衝にあるのか，といった要因である。

2）の社会・文化要因は，例えば，地域の人種・宗教，商慣行・雇用慣行といった諸要因である。

3）の経済性要因としては，伝統的な工業立地論では，労働費，輸送費，地代や取引費用等が代表的なものとして挙げられる。3a）の費用低減要因とは，これら諸費用を低減しようという立地要因である。それに対して，現代の先進企業の立地においては，3b）の付加価値向上要因を無視することができない。

付加価値向上要因とは，例えば，先進企業が研究型大学の近くに立地することで，大学の研究機能，教育機能，人材供給機能を活用し，高付加価値商品を創造するといった立地要因である。人口減少社会においては，人的資源へのアクセス性も付加価値向上要因として考慮すべき時代が訪れつつある。

図表8-3　地域産業の立地要因

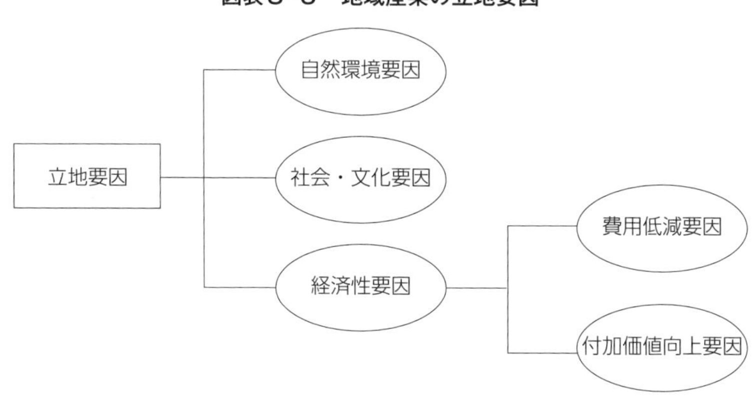

出所：野長瀬（2011）

Kotler, P.ら（1993）は，「地域のマーケティング」という概念を提示し，企業誘致の際の基本条件は，地元の労働市場，顧客やサプライヤーへのアクセス，開発施設・インフラの質，交通網，教育訓練機会，生活の質，企業環境，Ｒ＆Ｄ施設へのアクセス，資金供給源，税制・規制，であるとしている。また，ハイテク企業には，質の高い大学の存在，研究者にとっての地域の魅力が重要であるとも指摘している。

人口減少が進む地方圏において，いかに大学の知にアクセスし活用するか。これが，地域イノベーション創出における付加価値向上策を検討する際にカギとなる。

現在，第二次世界大戦後はじめて，わが国は過疎化の急速な進展に直面している。

第二次世界大戦が終結した時には8,000万人弱であったわが国の人口は，戦後増え続け１億2,000万人を超え，2008年まで人口は増え続けた。そこから人口減少が続き，**図表８-１**の状況となった。

図表８-４に示されている通り，人口のピークアウトした2008年以降，日本の市町村の過疎化率は上昇を続けている。

2022年４月１日現在で，日本の市町村の51.5％，実に過半が過疎指定を受けている。

このことは，地方の中核的府県が周辺地域の過疎化に伴い，人口を吸引する力を減らしていくことにつながる。長期的に地方圏全体の地盤沈下につながりかねない状況である。

過疎化が進展すると何が起きるのだろう。人口密集している大都市で暮らしている方々には想像も付かないかもしれない。何も手を打たなければ，**図表８-５**の状況が起き，負のスパイラルに陥る可能性が出てくるのである。

例えば，住民が減っていくと，街に一つしかないスーパーが撤退する。生活が不便になると子育て世帯が出て行き学校が維持できなくなる。上下水道の料金が高騰し，病院も遠くの街まで行く必要が出てくる。遠くに移動する

図表８-４　過疎市町村の比率推移

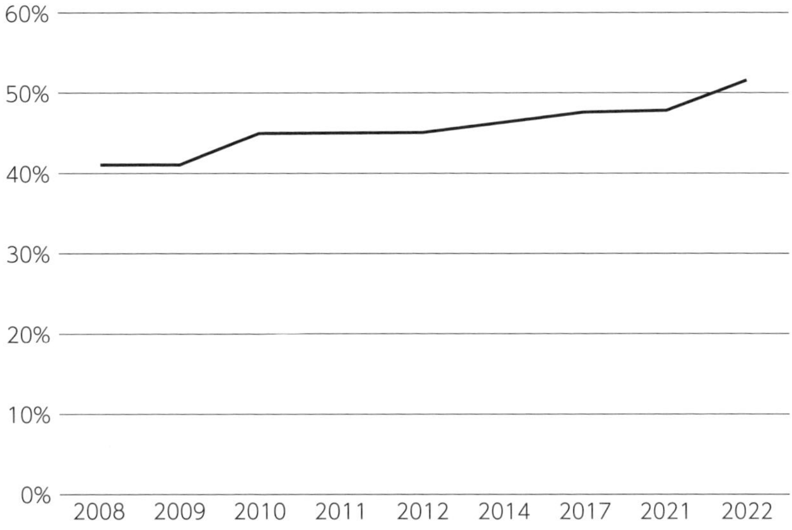

出所：全国過疎地域連盟データバンクを編集，2022年４月１日現在

図表８-５　過疎化の進展による負の効果

経済への負の効果	・地域内需の減少 ・地域内企業家・産業人材の減少 ・自治体税収の減少
生活の質（QOL）への負の効果	・交通インフラの縮小（鉄道・バス等） ・地域内流通サービス業の縮小（小売等） ・自治体サービスの縮小（上下水道・教育等）

出所：筆者作成

ための鉄道やバスが不採算で廃止される。税収が減り，ゴミ集積場が統合され，老人が遠くまでゴミを持っていかねばならないようになる。

このような負のスパイラルに一旦陥ると，抜け出すことは容易ではない。そうなる前に抜け出す努力ができるかできないかが今問われている。

摂南大学経済学部野長瀬研究室では，過疎自治体の職員を2020年から受け入れて長期研修を行ってきた。また，2019年より，首都圏の産業集積を有する自治体を集めた政策勉強会を一般社団法人首都圏産業活性化協会，関東経済産業局と連携して主宰してきた。

その中で**図表8-5**のような負の効果を被る自治体を少しでも少なくできないかという問題意識が醸成されてきた。そこで「適疎戦略研究会」を2022年６月に発足させた。

2022年９月現在，この研究会には関西の５府県が入会下さり，徐々に市町村の会員が増えつつある状況だ。お声がけしたのは，過疎市町村を抱える府県，既に過疎となっている市町村，過疎とはなっていないが人口減少や企業撤退等の課題を持つ市町村である。

適疎戦略研究会では，地域社会に大学の知を提供し，人口減少社会における「持続可能な地域経済と生活基盤の創造」を自治体と共に目指している。この研究会を通じて大学と自治体が情報共有することに加えて，自然科学から社会科学までの大学研究者との個別マッチングを実施している。首都圏自治体との連携可能な体制も構築している。

負のスパイラルに陥る前に手を打ちたいという「意欲的な自治体」との具体的な課題解決への取組みがはじまりつつある。

3　地域科学技術を基礎とした新事業創造

第２節で論じたように，今や大学の知が付加価値向上のためのカギとなる時代である。

地域の大学・工業技術センター・高専・短大（以下，大学等と表記）の持つ地域科学技術を基礎とした新事業創造こそが，人口減少時代に企業家や産業人材を増加させていく有力な手法の一つである。

本節では，三大都市圏を除いた地域大学の知を活用した事例を論じることとする。

地域科学技術を基礎としたスタートアップ(1)，地域産学官連携を基礎とした新事業創造(2)，についての事例をまとめる。

人口減少地域においては，新事業創造に挑む地域企業家を支援し，地域における生活の質（QOL）確保に挑もうとする意欲的な自治体を支援することが求められる。意欲的な地域を多角的に支援していくことが，適疎戦略の実現には必要である。

(1)　地域科学技術を基礎としたスタートアップ

ここでは，大学発ベンチャー表彰制度にて表彰されたスタートアップを例示する。

この表彰制度（選考委員長：松田修一早稲田大学名誉教授）は，国立研究開発法人科学技術振興機構（以下，JST）と国立研究開発法人新エネルギー・産業技術総合開発機構（以下，NEDO）が共同で実施しており，優れた企業が多数応募してくることで知られる。受賞後に株式公開した企業も過去に複数出ている。

東京大学発ベンチャーの受賞数が多いが，三大都市圏以外の大学発のスタートアップの受賞も出ている。ここでは三大都市圏以外の大学発の技術を基礎として受賞（2016－2022年）し，その後もその大学との関係を保っているスタートアップを10社リストアップする。

地方圏の大学としては相対的に規模の大きい「旧帝大発」の事例が多いが，それより小規模な大学の技術を核としている事例も出ている。10社のうち旧帝大発が６社，その他国立大発が３社，私立大学発が１社となっている。事業分野としてはバイオ・医学が５社，材料・デバイスが３社，宇宙１社，防災１社となっている。

事業化までスピーディな事業から，創薬や材料等に代表される時間軸の長い事業まで多彩な新事業創造事例が見られる。

① KAICO株式会社（2022年JST理事長賞，九州大学発ベンチャー）

九州大学大学院農学研究院の技術を活用したスタートアップ。

蚕を活用したタンパク質生産システムについて特筆すべき技術を持ち，試薬・診断薬・ワクチンの原料タンパク質の開発につなげている。双日株式会社と連携して，豚用飼料添加物事業も行う。地域養蚕業の復興にも寄与する。

② 株式会社ElevationSpace（2022年NEDO理事長賞，東北大学発ベンチャー）

東北大学大学院工学研究科の技術を活用したスタートアップ。

宇宙ステーションにおける実験環境の利用料金が高額であることは知られている。小型・無人宇宙環境利用プラットフォームを開発し，宇宙実験を手軽に行うことを可能とした。

食料，創薬，材料等の産業分野の研究開発促進に寄与する。

③ 株式会社PURMX Therapeutics（2022年特別賞，広島大学発ベンチャー）

広島大学大学院医系科学研究科の技術を活用したスタートアップ。

がん細胞に「老化のスイッチ」を入れるという新しいコンセプトの核酸医薬品を開発している。細胞老化に関わる老化関連マイクロRNAを機能的RNAスクリーニングにより同定するプラットフォームを構築することで，新たな創薬に寄与している。

④ 株式会社RTi-cast（2021年特別賞，東北大学発ベンチャー）

東北大学災害科学国際研究所の技術を活用したスタートアップ。

世界初のリアルタイム津波浸水予測をコア技術とし，津波災害情報配信およびシステムの構築・運用を中心事業としている。地震と津波による東北地方の被災を原点として，地域の防災に寄与している。

⑤　株式会社Kyulux（2019年経済産業大臣賞，九州大学発ベンチャー）

九州大学最先端有機光エレクトロニクス研究センターの技術を活用したスタートアップ。

レアメタルに頼ることなく，低価格で長寿命かつ高純度の発色，更には高効率な発光全てを実現する次世代有機EL発光材料（熱活性型遅延蛍光材料）の開発・製造・販売を事業化している。わが国の電子デバイス産業の発展に寄与している。

⑥　エディットフォース株式会社（2019年JST理事長賞，九州大学発ベンチャー）

九州大学大学院農学研究院の技術を活用したスタートアップ。

ゲノム（DNA）編集だけでなく，世界初の汎用的なRNA編集を可能にすることで，共同研究開発とライセンシング事業を行っている。創薬，農業，食品等の産業のイノベーション創出に寄与している。

⑦　株式会社KORTUC（2019年特別賞，高知大学発ベンチャー）

高知大学医学部の技術を活用したスタートアップ。

過酸化水素水を放射線増感剤に応用する技術を確立し，安全かつ低コストに放射線治療を行う方法を確立した。放射線増感剤KORTUCの事業化により，日本発のがん治療法を世界に広めることに寄与した。

⑧　株式会社マテリアル・コンセプト（2018年文部科学大臣賞，東北大学発ベンチャー）

東北大学未来科学技術共同研究センターの技術を活用したスタートアップ。

各種電子機器に用いられる微細配線を印刷法で形成することができるCuペーストの配線材料の開発・製造・販売を事業化した。Agペーストが使用されている分野等では，低コスト・省エネ・低環境負荷プロセスの実現に寄与することが可能である。

⑨　株式会社サイフューズ（2017年JST理事長賞，佐賀大学発ベンチャー）

佐賀大学医学部の技術を活用したスタートアップ。

バイオ３Dプリンタ等のデバイス機器背圧を通じて，革新的な三次元細胞積層技術の実用化を目指し，臓器モデル作成や再生医療分野への応用を事業化している。バイオ３Dプリンティング技術を基礎に難易度の高い再生医療製品にも挑んでいる。

⑩　ジーニアルライト株式会社（2016年特別賞，光産業創成大学院大学発ベンチャー）

創業者が光産業創成大学院大学の教育と創業サポートを受けたスタートアップ。

近赤外分光生体モジュールセンサをアルプスアルパイン株式会社と連携して事業化している。光計測技術をベースとする超小型・高精度な生体センサを皮切りに，医療機器等の製品・ユニット開発に挑んでいる。

⑵　地域産学官連携を基礎とした新事業創造

ここでは，JSTの発行する産学官連携ジャーナルに掲載された三大都市圏以外の地方大学による地域産学官連携を基礎とした新事業創造について直近のものを例示する。

このジャーナルは2005年１月から毎月発行されている。冊子とWEBの二通りの発行形態があり，産学官連携の関係者に幅広く配布されている。発行の方針としては，事業創造に重点を置いているところに特徴がある。発行推進委員会において年間の編集方針を定め，各地域を代表する編集委員により構成されている編集委員会が毎月開催されている。

単なる産学官交流や大学の新しいカリキュラムPRのような内容は掲載されず，大学等の知を活用して新事業創造につながった事例が記事となることが多い。

本項では，三大都市圏以外の地方大学における地域産官学連携を基礎とした新事業創造を10事例リストアップする。

地域大学が地域内企業と連携した事例が５件，隣接地域の企業と連携した事例が２社，遠隔地企業と連携した事例が３件であった。遠隔地企業との連携は，大企業やニッチ市場で知名度の高い企業がパートナーとなっている。産学官連携のご縁で，企業が本社を地方に移転した事例も１件見られた。

①　有限会社福島路ビール（2022年９月号，本社は福島県，山形大学）

経営者が山形大学大学院理工学研究科に入学し，研究テーマとして吟醸酒テイストの米麦酒（マイビール）を開発し，現在ではそれが主力商品の一つとなっている。三重大学，福島大学の研究者からの指導も受け，福島県産業振興センター，東経連ビジネスセンター等の支援も受けている。大学院で習得したスキルにより自社商品を次々と生み出している。

②　株式会社今仙技術研究所（2022年８月号，本社は岐阜県，広島国際大学）

株式会社今仙技術研究所と広島国際大学の共同研究により，大腿部から脚を切断した膝関節のない患者のための膝継手（ひざつぎて）を開発した。コンピューター制御により膝を動かす輸入品はきわめて高額である。共同研究を通じて発売された製品名MCKは，機械式の２重振り子という簡単な構造で制御を可能にする膝継手である。

③　株式会社光城精工（2022年７月号，本社は青森県，弘前大学）

A.O.Light（ア．オ．ライト）は，弘前大学大学院保健学研究科が病院ナースのニーズ情報を分析し，青森県の中小電源メーカーである株式会社光城精工が医工連携により商品化した携帯用照明機器である。夜間でも昼白色に見え，小型・軽量でハンズフリーに対応した看護師向け「夜間巡視ライト」が誕生した。

④　サッポロウエシマコーヒー株式会社（2022年６月号，本社は北海道，藤女子大学）

藤女子大学人間生活学部は，サッポロウエシマコーヒー株式会社と産学連携プロジェクトN’sキッチンを立ち上げた。「北海道の玉ねぎまるごとスープカレー」，「北海道の玉ねぎまるごと白いカレー」，「かける玉ねぎだれ（醤油だれ，塩だれ）」等，次々と地域の食材を生かした健康的共同開発商品を生み出している。

⑤　YAMAKIN株式会社（2022年５月号，本社は高知県，高知工科大学・高知大学）

YAMAKIN株式会社は，歯科接着用レジンセメント「KZR－CAD　マリモセメントLC」を産学官連携により販売までこぎつけた。球状多孔質ジルコニア粒子については高知工科大学の技術を活用し，生物学的安全性の評価は高知大学医学部との連携で行った。オール高知の商品開発となった。YAMAKINは大阪府から高知県に本社移転している。

⑥　株式会社おおいたCELEENA（2022年４月号，本社は大分県，大分大学）

大分大学発ベンチャーである株式会社おおいたCELEENAは，需要が減退している竹が地域において「竹害」と呼ばれる状況であるという社会課題に挑んでいる。竹からセルロースを精製し，ナノメートルサイズまで微細化してセルロースナノファイバー（CNF）を製造する「大分大学プロセス」を開発した。化粧品，食品等に素材の販売をはじめている。

⑦　株式会社スヴェンソン（2021年12月号，本社は東京都，徳島大学）

耐寒性のキノコであるチャーガは，シラカバなどのカバノキ類の幹に寄生する。徳島大学の産学連携部門が，抽出物の各種代謝酵素活性，有効成分の同定，育毛活性等の研究者と株式会社スヴェンソンのコーディネートを行い，特許化のフォローを行った。独立行政法人医薬品医療機器総合機構（PDMA）の審査を受け，育毛剤は厚生労働省の承認を得た。

⑧　株式会社コーヨー化成（2021年11月号，本社は静岡県，静岡県工業技術研究所）

株式会社コーヨー化成が中心となって「静岡市のバラ産業の活性化」を目標としてバラの香り化粧品の開発に着手した。地域のバラ農家，農業関連企業，静岡大学農学部，産業コーディネーター，工業技術研究所と連携した。地域連携による県産バラの香りを活用したアロマ化粧品「barai⁄6（バライオ）」をリリースした。

⑨　日機装株式会社（2021年９月号，本社は東京都，宮崎大学）

宮崎大学は，日本で唯一医学–獣医学の連携・融合体制による医学獣医学総合研究科大学院を有することから人獣共通感染症を対象とした教育・研究に取り組んだ。日機装株式会社の深紫外線LEDによる新型コロナウイルスの不活化効果を産学連携により明らかにした。

同社製の除菌・消臭機は医療関係施設等に普及した。

⑩ アサヒシューズ株式会社（2021年８月号，本社は福岡県，佐賀大学）

糖尿病の初期段階では運動療法が重要とされるが，糖尿病足病変の発症が懸念される。

佐賀大学医学部とアサヒシューズ株式会社は，糖尿病足病変の発生を有効に予防する靴の共同研究を８年間行ってきた。歩行時足底圧，装着による足の傷の発生の有無等を検証し，「アサヒフットケア」として発売された。

参考文献

上村哲司（2021）『糖尿病足病変で苦しむ日本人を減らしたい！』産学官連携ジャーナル2021年８月号，科学技術振興機構，pp.24-26

岡林環樹（2021）『深紫外線LED 照射による新型コロナウイルス不活化効果』産学官連携ジャーナル2021年９月号，科学技術振興機構，pp.25-28

菊地和美，中河原俊治（2022）『大学における産学連携プロジェクトＮ'sキッチン』産学官連携ジャーナル2022年６月号，科学技術振興機構，pp.25-27

衣本太郎（2022）『竹需要を喚起し，多次元社会問題の同時解決を目指す』産学官連携ジャーナル2022年４月号，科学技術振興機構，pp.22-23

嵯峨山和美（2021）『新素材！　チャーガエキス配合の薬用育毛剤の開発』産学官連携ジャーナル2021年12月号，科学技術振興機構，pp.14-16

佐藤雄司（2022）『高知県の産学官連携で生まれた歯科用接着材料』産学官連携ジャーナル2022年５月号，科学技術振興機構，pp.23-25

月城慶一（2022）『大腿切断者の義足歩行を担保する低価格・高機能膝継手の開発』産学官連携ジャーナル2022年８月号，科学技術振興機構，pp.18-20

冨澤登志子，高間木静香，橋本美亜（2022）『医工連携で製品化』産学官連携ジャーナル2022年７月号，科学技術振興機構，pp.28-30

野長瀬裕二（2011）『地域産業の活性化戦略』学文社

山下里恵，石橋佳奈（2021）『地域産学官連携によって育てた静岡バラプロジェクト』産学官連携ジャーナル2021年11月号，科学技術振興機構，pp.11-14

吉田重男（2022）『震災をきっかけに独自ブランド構築』産学官連携ジャーナル2022年９月号，科学技術振興機構，pp.7-9

Kotler, P., Haider, D. & Rein, I.（1993）*Marketing Places*. Free Press

Weber, A.（1922）*Ueber den Standort der Industrien*. Tübingen

<政府統計データ>

一般社団法人全国過疎地域連盟WEB過疎地域のデータバンク（2022）過疎市町村の数
厚生労働省（2020）『令和２年版厚生労働白書』
国立研究開発法人科学技術振興機構WEB（2022）大学発ベンチャー表彰受賞者
総務省統計局WEB人口推計（2022）2021年10月１日現在

第9章

(増田一之)

Web3：
テクノロジー，制度が成熟途上。
柔軟な政策対応が必要

課題：テクノロジー，制度が成熟途上

革新的な技術であるがゆえに，ブロックチェーンのテクノロジーはまだ成熟途上であり，スケーラビリティ問題や，各種ブロックチェーン間のインターオペラビリティに問題がある。また，分散型ビジネスモデルが優位性を持つ分野がどこにあるのか未だ明確に選別されているとは言えない。

日本においては現状許認可や税制等の制度的課題があり，日本人の若い起業家が日本を出て，シンガポールやスイス等での起業を選択するケースが散見されている。

提言：柔軟な政策対応が必要

政策は国際的視野での整合性が重要である。今後の新規ビジネス拡大のために柔軟な政策対応が必要。

1 Web3とは

(1) Web1，Web2，Web3

まず1980年代からのIT革命を振り返ってみたい。1980年代にSteve Jobs, Bill Gatesによってパソコンが作られMacとWindowsが登場し，ITのパーソナル化が進んだ。1990年代に入ってインターネットが普及し始め，eメール，Web，検索エンジンにより情報のデジタル化が進んだ。さらにeコマース，eサプライチェーンによるビジネスプロセスのデジタル化，そして2000年代に入り，SNS，モバイル，クラウドによるインタラクションのデジタル化が進んだと言えよう。最近では，IoTやコネクテッドデバイスにより，社会と産業全体のデジタル化が進みつつある。

同時に，Bitcoinが登場し，ブロックチェーン技術によりマネーあるいは価値のデジタル化が行われるようになった。さらにEthereumによりスマートコントラクトによるプロセスの自動化が進んでいる。

これをWeb1，Web2，Web3について考えると，eメール，Web，検索エンジンやeコマースがWeb1の時代だったと言える。さらに，SNSによるインタラクションのデジタル化が始まり，これがWeb2に対応する。そして，ブロックチェーン技術によりWeb3[1]の時代が始まりつつある。

Web2では，Google，Amazon，Facebook（Meta），Apple，Microsoftのいわゆるgafamと呼ばれるプラットフォーマーが大きな力を持っている。これに対するアンチテーゼとして，2014年に，Ethereumの共同創設者であるGavin Woodが，ブロックチェーンに基づき分散化されたオンラインのエコシステムを提唱した[2]。彼は中央集権者の存在しないパブリックブロックチェーンを想定しており，情報のコントロール権をユーザー側に保持する考え方，つまり情報管理の分散化を提唱した。（尚，2006年にTim Berners-Lee がWeb 3.0という概念を打ち出している。Berners-LeeのWeb 3.0はセマンティックウェブに代表され，サービス毎に分断されるかたちになってしまったデータにメタデータを付加しサービスを超えてデータを活用することを目指した。）

もともと，Web3は，情報管理の分散化が主要テーマだったが，Bitcoin等による価値のデジタル化・価値の移転が可能になったことにより，あらゆるものの金融トークン化もWeb3の要素として語られるようになってきた。

振り返ると，Web1の時代は，ユーザーがWeb上の情報を読むだけだったが，Web2の時代になり，読んだり，書いたり，といったインタラクティブ性が付加された。Web3では，読み，書くだけではなく，参加し自分の情報をコントロールすることを目指している。

Web1のアプリケーションは，Yahoo!，Lycos，Netscape，Google等の検索エンジンやWebブラウザが挙げられる。Web2ではYouTube，Wiki，Flickr，Facebook，Airbnb，Uber等が人気となり，また個人がブログを書き表現することが一般化した。そしてWeb3の時代に入り，Bitcoin，Ethereum，分散ファイルシステムIPFS，ソーシャルニュースサービスSteemit，ステーブルコイン発行のMakerDAOなどが登場した。

⑵　ブロックチェーン技術の概要及び特徴

Web3の実現手段は，ブロックチェーン技術，特にパブリックブロックチェーンである。Bitcoinの例では，ブロック化されたデータが連鎖し，参加者全員で同じ台帳データを持ち，そして誰が作ったかの真正性を保証し，二重支払の有無を監視することができる。さらにEthereumの発明によってスマートコントラクトが追加され，コードの自動執行化が進む可能性がある。

ブロックチェーンは，**図表９-１**のような構造になっている（Bitcoinの例）。

Bitcoinは，過去のデータの改竄を困難にする仕組みを持っている。ブロックに入っているNonceという数字を見つけるのに大量の計算が必要となる。過去のデータが改竄されると，それ以降の全ての計算をし直すということになり，大量の計算をする必要がある。大量の計算にコストをかける経済合理性がないため，過去のデータの改竄を防げる仕組みになっている。

ブロックチェーンは，参加者全員で同じ台帳データを持つ。コンピュータ１台が壊れても同じ台帳を持っている人が多数いるので，台帳自体は壊れない。つまり単一障害点がないということになる。

また，ブロックチェーンでの取引は，デジタル署名を使う。デジタル署名とそれを検証するための公開鍵をセットにして，取引はブロックチェーンに保存される。デジタル署名は，公開鍵に対応する秘密鍵を持っている本人にしか作れないので，誰が作った情報なのかは，デジタル署名の正当性を検証することで確認できる。

ブロックチェーンでは，同一コインの受け取りと支払いの取引情報が１回ずつしか入ってはならないというルールがある。同じコインをコピーして２

図表９-１　ブロックチェーンの構造

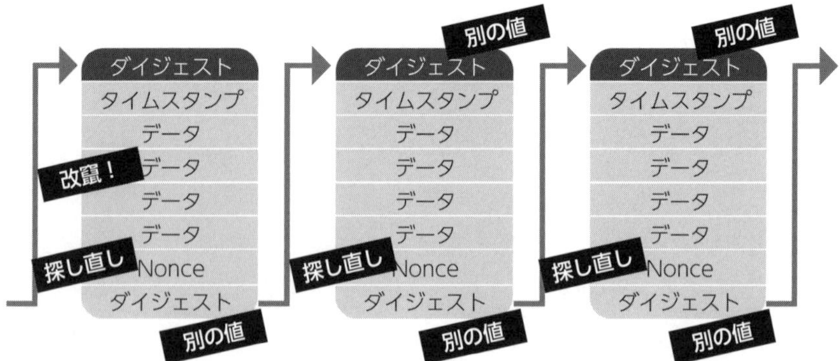

出所：筆者作成

度使われるのを防ぎ，二重支払いの有無を皆で監視する仕組みになっている。このため，二重支払いの取引は台帳に記帳されない。この二重支払いを防ぐ仕組みへの信頼が，ブロックチェーンの価値の源泉と言える。

Ethereumにより追加されたスマートコントラクトの機能は，契約条件，履行内容をブロックチェーン上に記述したものである。これにより，契約プログラムを自動執行する。このため，契約の条件が明文化され，第三者の介在を必要としない契約がブロックチェーン上に記されることになる。

今まで述べてきたブロックチェーンの特性・長所をまとめると，**図表9-2**のようになる。改竄耐性によりデータの書き込まれた後の真正性が保証され，二重支払い防止による取引の一意性からデジタル価値の移転が容易になり，スマートコントラクトにより契約プログラムの自動執行が行われ，中央管理者がいないため低コストで信頼性が向上する可能性がある。

これらをまとめれば，特定の誰かを信頼することなく，価値の移転・プログラム実行が可能な仕組みである。

図表9-2　ブロックチェーンの特性と長所

特性		長所
改竄耐性	▶	データ真正性を保証
二重支払い防止	▶	デジタル価値の移転容易に
スマートコントラクト	▶	契約プログラムの自動執行
中央管理者なし	▶	低コストで信頼性向上

特定の誰かを信頼することなく
価値の移転・プログラム実行が可能

出所：筆者作成

インターネット革命とブロックチェーン革命を合わせて考えると**図表9-3**のようになる。インターネットにより情報の流通性が増し，IoTによって

図表9-3　情報，モノ，価値，プロセスの融合

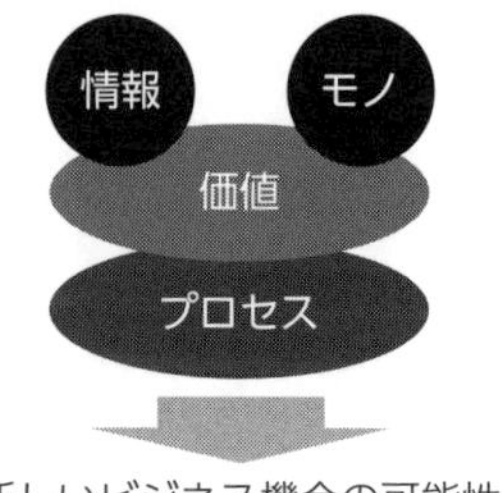

出所：筆者作成

モノもインターネットにつながった。さらにブロックチェーンにより，価値の移転とプロセスの自動化も加わって，情報・モノ・価値・プロセスの連携が強まっている。これが新しいビジネス機会をもたらすことになる。

⑶　Web3のもたらすもの：分散

Web3がもたらすビジネス的意味合いを整理したい。

一般にビジネスは信頼をベースにしている。ビジネスでは，特定の誰かを信頼する必要があるからである。例えば，銀行や大企業などの中間業者は信頼を提供することによって対価を得る。しかし，その代わりに時間がかかったり，金銭的な対価が取られたり，情報を抜かれたりすることが発生する。つまりインターネットビジネスにおける中間業者の運営するプラットフォームによる統合が新たな権力構造を生み，ユーザーは，知らず知らずにプラットフォームに従属する存在になってしまう面があると言える。

ブロックチェーンでは，特定の誰かを信頼しなくてすむことをトラストレスと表現する。より正確には，任意の１人の当事者から要求される信頼の量を最小限に抑えることができる。ブロックチェーンが可能にするのは，複数のステークホルダーがいる中で，特定の誰かを信頼の起点にすることなく，価値の保存や移転を行うことができるようになるということである。ブロックチェーンによる非集中が正しく機能すれば，プラットフォーム統合的なビジネスの望ましくない側面を抑制することができると期待されている。

Web3はユーザー主権を目指している。ユーザー主導で自分の個人情報を管理し，誰にどの自分の情報を共有させるか選択できるようになる可能性があり，個人のデータの保護に活用される可能性がある。IDについても分散型でのID管理が可能である。

(4)　Web3のもたらすもの：インターネット上の価値交換のネットワーク

ブロックチェーンにより二重支払いの防止が可能になったことにより，Web3ではデジタルトークンによるインターネット上の価値移転が可能になった。インターネットは情報交換のネットワークであり，この上でブロックチェーンによる価値交換のネットワークができたと言えよう（**図表９-４**）。

図表９-４　価値交換のネットワーク

ブロックチェーン：価値交換のネットワーク
インターネット：情報交換のネットワーク

出所：筆者作成

さらに，価値交換のネットワークは色々なパラダイムシフトをもたらす（**図表９-５**）。暗号資産はもちろん，株式，債券，不動産，財物，無形資産もデジタルトークンで表現されうる。デジタルトークンがECや金融サービス，DEX（分散型取引所）等の各種アプリを介してアクセスされる。アクセスするのは人だけではなく，AI等のソフトウェアが直接アクセスすることもあるし，IoTデバイスのハードウェアがアクセスすることもある。今後10年，20年かけてパラダイムシフトが進むだろう。

図表9-5　デジタルトークン化によるパラダイムシフト

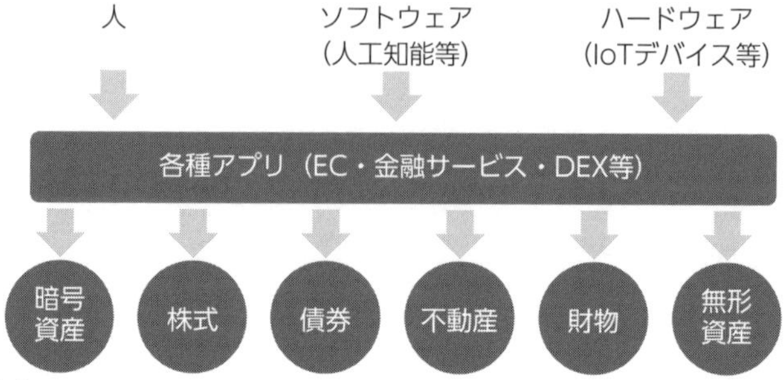

人

ソフトウェア
(人工知能等)

ハードウェア
(IoTデバイス等)

各種アプリ（EC・金融サービス・DEX等）

暗号資産　株式　債券　不動産　財物　無形資産

出所：筆者作成

Web1，Web2，Web3を比較すれば，Web1により情報流通の高度化がなされたが，Web2では，プラットフォーマーによる価値独占の弊害により，中央集権の進展やプライバシーリスクが起きた。Web3はそれに対するアンチテーゼとして分散型が提唱され，そして，価値交換のネットワークが追加された。

2　Web3の事例

用途事例として，分散型金融（DeFi），非代替性トークン（NFT: Non-Fungible Token），ゲーム，メタバースを挙げる。このほか，分散型メディア，分散型ID，分散型データストレージもある。

(1)　分散型金融

分散型金融（Decentralized Finance）は略してDeFiと呼ばれる。パブリックブロックチェーン上に構築され，暗号資産貸借や暗号資産交換取引所の事例がある。スマートコントラクトによりプログラムが実行される。ただし，不正アクセス事件やバグによる事故が起こることもあり，未だ成熟途上と言える。

暗号資産貸借の事例としてはCompound（https://compound.finance/），分散型取引所（DEX：Decentralized Exchange）の事例としては，Uniswap（https://uniswap.org）がある。

また，DeFiの事例として，ステーブルコインもある。これは法定通貨に対し価値を近似させることを目的としている。例としてMakerDAOが挙げられる。ステーブルコインであるDAIをEthereum上で発行し，１DAIがおおむね１USドルになるように調整される。担保はEther等の暗号資産で裏付けされる。

⑵　NFT（Non-Fungible Token）

ブロックチェーン上で発行されるデジタルトークンのうち，代替不可能（Non-Fungible）で固有なものを示す。ちなみに，Bitcoinは代替不可能ではなく代替可能である。つまりＡさん保有の1 BitcoinとＢさん保有の1 Bitcoinは交換が可能であり代替可能だから，BitcoinはNFTではない。NFTの所有権はブロックチェーン上で証明することが可能であり[3]，ユースケースとして，ゲーム，アート，収集品，メタバースでのユースケースが先行し爆発的に拡大した。特に，Dapper Labs（https://www.dapperlabs.com）がNBA（National Basketball Association）のハイライトシーンをトークン化し販売するプロジェクトNBA Top Shot（https://nbatopshot.com）が市場急拡大のきっかけとなった。

(3) ゲーム

X to Earn（X2E）と呼ばれるゲームがある。参加者が行為を行う対価として，暗号資産の報酬を受け取る仕組みである。ゲームを行うPlay to Earn，ウォーキングやランニングをするMove to Earn，ドライブレコーダー撮影データで地図作りに貢献するDrive to Earn等がある。

2021年12月に開始されたSTEPN[4]というサービスがある。これはMove to Earnの事例で，スニーカーのNFTを購入しフィットネスをすることでトークンを獲得する。アシックスと提携し特別版NFTスニーカーを販売した。

(4) メタバース

メタバースでもNFTが活用されることがある。デジタルアセットの所有ポータビリティーができれば，メタバース間の連携が可能になりえる。また，ブロックチェーンを活用することによって，ユーザーのアイデンティティーの管理が可能になる。メタバースには，Web2のメタバースもWeb3のメタバースもある。Web3のメタバースの例としては2015年に創設されたDecentraland[5]がある。約90,000の土地区画「LAND」（Ethereumベースの NFT）の購入が可能で，LANDの所有者はLANDを利用してアイテムやコンテンツを作り収益化が可能である。バーチャルコンサートやゲームでの取引には暗号資産「MANA」を使用する。

尚，ブロックチェーンのスマートコントラクト機能により，プログラムで記述されたルールに基づいて運営される組織を分散型自律組織DAO（Decentralized Autonomous Organization）と呼ぶ。ブロックチェーン上で発行されるトークン（ガバナンストークン）を用いた投票により，組織の運営方針などが決定される。特定の管理者がいなくても，ブロックチェーンが稼働する限り自律的運営が行われる。

上述のMakerDAOはDAOの事例である。プロジェクトのガバナンスは，MKRというトークンの投票によって行われる。開発組織のMaker Foundationは2021年に解散され，分散型のDAOになっている。

3　Web3の課題と論点

(1)　技術的課題

ブロックチェーンのテクノロジーはまだ成熟途上であり，スケーラビリティ問題や，各種ブロックチェーン間のインターオペラビリティに問題がある。

ウォレットと秘密鍵の管理が難しいということもあり，マスマーケット浸透の障害になっている。UI/UXの問題であり，インターフェースの改善が必要である。

また，容量の多いデータが必ずしも分散型で保存されているわけではない。このような場合はデータの消失リスクがある点にも留意が必要である。

(2)　ビジネス的課題：Web2とWeb3はどのように共存するか

分散型に優れた点は多々あるが，すべてのビジネスに分散型が必要なわけではない。仲介者がいた方が実際のビジネスでは便利なものも多く，分散型ビジネスモデルが優位性を持つ分野がどこにあるのか未だ明確に選別されているとは言えない。

Web2がすべてWeb3に移っていくわけではない。Web2とWeb3は持ち味や得意分野が異なる。例えば，ユーザーニーズをくみ取りサービスを企画・展開する機能については，中央集権的組織のあるWeb2の方が得意かもしれない。迅速な意思決定にはスタートアップ創業者等の強いリーダーシップが必要だからである。一方，コントロール権の分散によるメリットがあるケースでは，Web3型の普及が進んでいくだろう。中間形態もあると思われるし，一部中央集権型業務の代替案として，Web3的サービスを組み込むという考え方もある。例えば，FacebookのLibraは挫折したが，そのような事例だったと思われる。今後，Web2とWeb3のサービスは併存・連携しながら展開していくと想像される。

(3) 暗号資産価格暴落の影響：クリプトの冬

2022年暗号資産の価格は暴落している。いわゆるクリプトの冬の再来である。このため，自称分散型か，本当の意味での分散型かが峻別される時代になっている。多くのスタートアップが消え，社会を変えるプロダクトを開発するプロジェクトのみが生き残る淘汰の時代になっている。

因みに，2022年６月チューリッヒのPoint Zero ForumでBank of EnglandのDeputy Governorである Sir Jon Cunliffeが，「インターネットバブルの崩壊に似ている。当時は５兆ドルが吹き飛び，多くの企業が消えた。しかし，テクノロジーは消えることはなかった。10年後，生き残ったAmazonやeBayは，世界を圧倒する存在になった」[6]と述べている。同様のことが，Web3でも起きると思われる。

(4) DAOの問題点

投機目的でガバナンストークンを保持しているユーザーが多く，実際に投票に参加する人口が少ないのも問題である。また，DAOにおける投票は一般的に定足数が小さく設定されており，特定のグループやトークン保有者によって意思決定が行われがちである。実質的には必ずしも分散になっていないケースも多く，分散化という美名に隠れている実際の状況を見抜く必要がある。分散型と自称するプロジェクトにも，必ずしも分散と呼べるかどうかわからないものが多くある。プロジェクトが分散と自称しているのをうのみにする等ユーザーのリスクリテラシーが追いついていない側面もある。

⑸　株式会社とDAOの棲み分けは？

株式会社とDAOの棲み分けはどうなるだろうか。株式会社の場合，投資家・創業者・従業員がいる。株式会社の場合のガバナンスとリターンは，株式という同じ資産によって行われる。これは，ある意味，株式会社の問題点かもしれない。パワーバランスが投資家，創業者，従業員，ユーザーの順になるケースが多い，と思われるからである。

DAOの場合は，ガバナンスとリターンを異なるトークンで行うことが可能である。このため，株式会社に比べ，従業員，ユーザーの影響力が強くなる可能性がある。今後のトークン設計技術の進展に期待したいところである。

このようなことから，DAOについては，今までの資本主義と異なる仕組みを創出する可能性があるという点が期待される。

⑹　金融トークン化は弊害をもたらさないか？

あらゆるものを金融トークンで表現するという金融トークン化はWeb3の重要な考え方の１つだが，弊害をもたらす可能性がある。金融或いはトークンによる外的動機付けで解決しようとすることは，社会すべての問題を金融あるいは貨幣価値で解決できるとする考え方に近いからである。社会関係資本による動機付けの方が強力な場合もありえる。また，社会関係資本すらもトークンで表現できるという発想もあるが，問題があると想像される。

Web3の進展が，金融資本主義の行き着く先を明確化することになるかもしれないという点には注意しておく必要がある。

4 日本におけるWeb3

(1) Web2における敗北とWeb3に対する期待

Web2において日本は敗北したと考えられている。日本におけるスマホのOSはAppleのiOSとGoogleのAndroidが独占している。また，ソーシャルメディアについては，Twitter，Facebook，Pinterest，Instagram，YouTubeのシェアが高く，アメリカのテックジャイアントの圧勝となっている。

Web2で敗北したという認識から，Web3を用いたイノベーション推進や，スタートアップに対する期待がある。

2022年３月，自民党のデジタル社会推進本部NFT政策検討プロジェクトチーム（後にWeb3プロジェクトチームに改称）がNFTホワイトペーパー案を公表した。６月には骨太方針2022[7]，デジタル社会の実現に向けた重点計画[8]でWeb3.0の推進が明記されている。７月には経済産業省が大臣官房にWeb3.0政策推進室を設置した。岸田文雄首相も５月にイギリスで講演した際，Web3.0推進のための環境整備を含め，新たなサービスが生まれやすい社会を実現する，と述べている。

⑵　日本における制度的課題：許認可問題

カストディー型のウォレットを提供する等，暗号資産を預かり管理する際には金融庁への登録が必要である。金融庁に暗号資産交換業として登録するには，長期の手続き期間に加え多額のコストがかかる組織対応が必要で，登録するのは実質的には簡単ではない。

⑶　日本における制度的課題：税制の問題

法人の決算期末時点の保有トークンに関する課税基準が障害と言われている。法人が独自の暗号資産を発行した場合，発行後の保有部分の時価総額がそのまま課税対象になる可能性がある。

個人が暗号資産を売却した場合，雑所得課税扱いになり，税率は最大で55パーセントと，海外に比べて非常に高い税率となっている。また，保有している暗号資産を日本円に交換した場合だけではなく，暗号資産同士で交換した場合も課税されることも問題視されている。

このほか，LPS法（投資事業有限責任組合契約に関する法律）に基づく国内のファンドは，暗号資産やトークンの取得・保有を伴う資金調達に参加できないことが資金調達上の問題と指摘されている。

このようなことから，日本人の若い起業家が日本を出て，シンガポールやスイス等での起業を選択するケースが散見されている。

⑷　Web3時代の国の政策

Web3プロジェクトは，その性質上国を跨がった国際的なプロジェクトが多くなると想像される。ある国でWeb3の事業を行う場合に他国と比べて制約となる規制が多ければ，制約が少ない国に移りえる。税制に関しても不利であれば，より有利な税制の国に移ることになる。

このように規制の観点が強すぎるとうまくいかないという側面がある。国際的なプロジェクトになりがちなWeb3プロジェクトに関する会計・税制・法規制の政策を，国がどのようにすべきか難しい問題がある。多国籍な連携が必要かもしれないが，すべての国が協力することは考えにくく，十分に多くの国が協力する体制を作れるかどうかも重要となる。

日本においては現状許認可や税制等の制度的課題があり，また政策は国際的視野での整合性が重要である。今後の新規ビジネス拡大のために柔軟な政策対応が必要とされている。

注

1 Web3はWeb3.0と表記されることもあり，異なる定義をする人もいるが，ここでは区別しないこととする。

2 https://gavwood.com/dappsweb3.html

3 NFTが指し示しているものの所有は別途契約などの仕組みが必要である。

4 https://stepn.com/

5 https://decentraland.org/

6 https://www.bloomberg.com/news/articles/2022-06-22/crypto-crash-survivors-could-become-tomorrow-s-amazons-boe-says?sref=f8taTPHn

7 「経済財政運営と改革の基本方針2022 新しい資本主義へ ～課題解決を成長のエンジンに変え，持続可能な経済を実現～」

8 https://www.digital.go.jp/policies/priority-policy-program/

参考文献

株式会社ブロックチェーンハブ（著）・増田一之（監修）（2018）『新事業企画・起業のための実践ブロックチェーン・ビジネス』日本能率協会マネジメントセンター

第10章

(鈴木勘一郎)

ESG経営：スタートアップからの社会的問題への取組み

課題：スタートアップからのESG経営の重要さが理解されていない

ESGは上場企業のためと思われており，中小企業やスタートアップ企業におけるESG経営のメリットが十分に理解されていない。

提言：ESG経営に基づきスタートアップを支援すべき

ESG経営は，経営者にビジョン経営を促し，事業のサステナビリティを高め，さらに従業員のエンゲージメントを高めることから，スタートアップ段階からESGの理念と経営を推進／支援すべきである。

1 ベンチャー投資とESG経営

(1) はじめに

昨今，世界的にSDGsやESGへの関心が高まっている。SDGsとは，「持続可能な開発目標（Sustainable Development Goals）」のことで，国連がイニシアティブを取って進めている国際的プロジェクトである。一方，ESGとは環境（Environmental），社会（Social），ガバナンス（企業統治：Governance）に対する企業の取組みであり，それらの観点に基づいて投資対象を選別する投資を「ESG投資」，その基準を経営の指針とする経営を「ESG経営」と呼ぶ。近年，投資家や企業経営家の双方から，積極的にサステイナブルな活動を支援・実践する手段として脚光を浴びつつある。ESG投資は，従来からの財務的基準に加えて，環境（E），社会（S），ガバナンス（G）などの非財務的情報（もしくは社会的価値）を投資決定基準とした投資方法であり，従来その経済的なインパクトの大きさから，上場企業を対象とした投資に焦点が当てられてきた。

しかし，長期的な株式投資を考えた時には，新たな事業成長を実現する企業を輩出するためのベンチャー投資やスタートアップ投資が必要との認識が広まってきている。企業経営者がESGの考え方をスタートアップ時から経営に導入することによって，長期的な収益性確保のためにビジネスモデルを強化することになるために，投資先企業にESG経営の実践を促すVCや投資ファンドが増えてきている。

(2) 社会や投資家からの要請

現代社会においては，環境や社会へのインパクトを考慮した「サステナビリティ」（持続可能性）という概念はますます重要な役割を果たすようになっている。元々，金融の分野では，サステナビリティ主導の投資の追求は，歴史的に倫理的な動機によって特徴づけられ，財務パフォーマンスとは直接的に結びついてはいなかったが，近年は明らかにその変化が顕著になってきている。金融のあらゆる分野においてサステナビリティは，現代の金融市場では主要な投資トレンドの一つと言えよう。

ESGにおける環境（E）要因とは，投資先や事業体の事業が環境に与える影響を評価するもので，事業や投資が天然資源をどのように利用し，環境にどのような影響を与えるかの検討が必要となる。環境要因には，温室効果ガス，水の使用，廃棄物管理，生物多様性などが含まれる。逆にビジネスモデルや事業活動におけるEの評価を怠っている企業は，何らかの重大なリスクにさらされる可能性がある。例えば，天然資源に関わる環境事故を防ぐために，十分な事前対策を確保しなければならないだろう。

またESGの社会（S）要因とは，従業員，サプライヤー，顧客，地域社会など（株主以外の）重要なステークホルダーに関係する項目である（篠原・鈴木・加藤，2022）。近年まで，投資の観点からのS要因は，ガバナンスや環境問題といった他の要素ほどには注目されてこなかったが，これは社会的状況をデータとして定量化することが困難であったことが一因であった。社会的要因は，外部の人々や制度と事業との関係を考える際に生じるもので，具体的にはジェンダーや機会均等，健康と安全，児童労働，プライバシー，製品責任など，近年世界で関心が高まっている現代的テーマが多い。

最後のガバナンス（G）要因としては，公正なコーポレートガバナンスの実施とリーダーシップ，監査，内部統制，株主の権利などが含まれ，強力なガバナンスが確立されている企業では，倫理的・法的管理，透明性，開示の正確性，その他業務内容に関連する将来的な経営リスクを軽減する可能性がある。ガバナンスとは，企業統治と訳されているが，企業の経営的な意思決定や管理，またその監督を行うことである。

投資家サイドからESGを見ると，投資先の経営やそのビジネスモデルの評価に利用することで，事業リスクの安定性，市場からの肯定的評判，財務パフォーマンスの向上などが期待される。それらは投資家・株主利益の最大化にも合致するため，プライベート・エクイティ（PE）やベンチャーキャピタル（VC）は，投資先であるベンチャー企業やスタートアップ企業にもESG基準を当てはめることで長期的リターンを上げる確率を高める可能性があると認識している。一方投資先企業の経営サイドからは，ESG基準に沿って事業活動を展開することで，社会的なマイナス効果（例えば公害や災害リスク）を回避したり，プラス効果（顧客からの評判や従業員のエンゲージメントの向上）を享受したり，投資家から資金を得やすい，など企業にESG経営を実践させるモチベーションにつながる背景が存在している。

欧州投資基金の調査によると，全VCの73％が投資判断にESGの配慮を実施しているが，現実的には全VCの50％が依然としてネガティブスクリーニング手法に従っており，ポジティブスクリーニングやアクティブオーナーシップなどの包括的アプローチの採用には至っていないと言われる（Botsari and Lang 2020）。一般にVCの投資先は未公開企業であるために，財務的情報以外の非財務情報は非常に限られており，ESG格付機関も非財務面の個別企業の公開情報がないために，個別企業を評価する情報は提供できていない。その結果，VCは事前のESGレーティングに頼ることはできないため，提供された情報と独自の企業評価の方法によってスタートアップや新興企業の持続可能性の程度を判断する必要がある。

一方，インパクト・ファンドは，金銭的な利益に加え，最初から倫理的，社会的な包摂に焦点を当てていて，インパクトVCも最初から社会的価値の創造と金銭的利益の実現を両立させようとしている。投資家は，ESG評価の高い資産は，システマティックリスクが低く，正のリスクプレミアムを引き付け，市場のアンダープライスに基づく利益を可能にすると期待している（Amel-Zadeh and Serafeim 2017）。

2　BコープとESG経営

(1)　Bコープとスタートアップ

社会的意識の高い企業のためのESG経営支援の取組みとして，Ｂコープ（B Corp）認証制度がある。本章ではＢコープ認証の分析を通じて，スタートアップ企業やベンチャー企業におけるESG経営の効果と課題を考えてみたい。

まず，ＢコープのＢとはベネフィット（Benefit）のＢで，意味としては便益，社会的利益，非財務的利益のことである。2023年２月現在，世界でＢコープ認証を取得しているのは6,400社に上っている。一方，SDGsやESGなどについて高い問題意識を持った日本の中堅中小企業は多く存在するが，日本のＢコープ企業数は，2021年末時点で７社，2023年２月末時点でも19社に過ぎなかった。未上場企業におけるＢコープ企業の少なさは諸外国からも注目されている（Jones 2021）。

中小企業に特化した認証制度として，SVMCは2008年，またＳ認証は2021年にスタートしている（**図表10-1**参照）。Ｂコープを主催するＢラボは2006年（Ｂコープ認定は2007年から）に創設された。Ｂコープは営利企業であれば規模にかかわらず申請ができるが，現実的には審査が難しいために規

図表10-1　世界の主要なSDGs/ESG関係の経営認証制度

社会的認証制度	SA8000	国際フェアトレード認証 (The FAIR-TRADE Marks)	Bコープ	社会価値経営認証 (SVMC)	ソーシャル企業認証（S認証）
認証団体	SAAS（Social Accountability Accreditation Services）	国際フェアトレードラベル機構 (Fairtrade International)	B-Lab	SVI（Social Value International）	一般社団法人ソーシャル企業認証機構
設立年	1997年	1997年	2006年	2008年	2021年
本部所在地	アメリカ ニューヨーク	ドイツ ボン	アメリカ ペンシルベニア	イングランド リバプール	日本 京都府
主な評価項目	児童労働，強制労働，健康と安全，結社の自由と団体交渉権，差別，懲罰，労働時間，報酬・マネジメントシステム	経済的基準・社会的基準・環境的基準	ガバナンス，従業員，顧客，コミュニティ，環境	自社で設定したインパクト目標	事業活動，企業理念，企業活動の成果，社会的に影響を与えた内容など
認証方法	SAIの基準を満たすこと	FIの基準を満たすこと	200点満点中80点以上を獲得すること	自社で設定したインパクト目標に対し1. Commit, 2.Implement, 3.ManageのどのレベルにC到達したかをSVIが評価	ソーシャル企業認証委員会による認証評価を受けること
認証社数	4,760団体 ※2021.9現在	2,552社（約37,000製品） ※2020.12現在	約6,400社（国内19社） ※2023.2現在	非公表	740社 ※2023.2現在
特徴	SAI（Social Accountability International）が開発した労働者の人権保護に関する監査可能な基準を定めた国際規格。人権に特化した認証制度で，社会的認証制度の先駆け	当該製品に対しその製造過程での開発途上国の小規模生産者・労働者による持続可能な開発を促進することが目的で，生産者の対象地域，トレーダー（輸入・卸・製造組織）基準，産品基準などで構成される。	認証の対象は営利法人のみ。個人や非営利法人は認証の対象外	社会的インパクト・マネジメントの「プロセス」を認証。活動を通じて創造（および破壊）される社会的価値を管理する行動基準を明確化	ESG経営や社会課題の解決を目指す企業に対し，経営方針，事業内容，社会的インパクトなどを基準に評価・認証を行う制度。地域社会におけるソーシャルマインドの醸成及び持続可能な地域社会実現が目的
URL	https://sa-intl.org/programs/sa8000/	https://www.fairtrade.net/	https://www.bcorporation.net/en-us/	https://socialvalueuk.org/ https://www.socialvalueint.org/svmc	https://besocial.jp/

模の大きい企業が申請する例は非常に少なく，中小企業の認証が多い。一方で，英国発のSVMCは中小企業が独自に設定した基準の達成度に対して，それぞれ経営認証を行っている。また日本発のＳ認証も中小企業を対象にしたもので，地域の金融機関（京都を中心とする信用金庫数行）の支援を受けて認証企業数を増やしている。これらの認証はそれぞれ目的と形態は異なるが，ユニバーサルなESG支援活動という観点に立った認証制度という意味では，Ｂコープはインパクトのある認証制度となっている。

Ｂコープは，2006年に米国ペンシルベニア州で設立された非営利団体Ｂラボ（B Lab）が運営する認証制度である。Ｂコープは，環境や社会に関するサステイナブルな事業活動，その説明責任や透明性などに関する経営基準を満たした企業におけるESG経営を促進するために企画された。Ｂコープは，企業活動の目的を株主の利益のためだけではなく，事業を維持するためのステークホルダー（利害関係者）全体に対する便益の最大化に置いている。ステークホルダーとして，Ｂコープでは株主（ガバナンス），環境，労働者，顧客，コミュニティなど５つの視点が取り上げられている（Honeyman and Jana 2019）。

(2)　Ｂコープと経営に関する先行研究

先行研究では，まず認証の前後で経営業績に結びついたか否かの経済的効果についての研究がいくつかなされている。Chen and Kelly（2015）は，Ｂコープ企業は株式公開企業よりも，（生産性の伸びはそうでもないが）売上成長率が高いことを見出した。Romi, Cook and Dixon-Fowler（2018）の調査では，Ｂコープの売上成長率が，同業他社と比較して有意に高かったが，従業員の扱いが「卓越した分野」として認識されているＢコープでは，従業員の生産性が大幅に高かったとした。またPaelman, Cauwenberge and Bauwhede（2020）は，Ｂコープの認証取得が，認証取得前（１年間）と認証取得後（１年間）の売上高の伸び率にプラスの影響を与えていることを確認した。しかし逆に，Gamble, Caton, Aujogue and Lee（2020）は，Ｂコープの認証を取得した企業は，収益が低くなりビジネス成長も遅くなるという逆の結果を示している。現時点でＢコープの取得がそのまま経済的メリット（例えば売上拡大）につながるかどうかという点については必ずしも明確には言えない。

Ｂコープの社会的側面について，Kim, Karlesky, Myers and Schifeling（2016）は，Ｂコープ企業へのインタビューを基にした質的研究によって，認証を取得しＢコープになることは社会的ベネフィットを与える組織としてすでに社会に認められているために，独自のミッションや経営スタンスに関するアイデンティティを表明できるメリットがあるとしている。またBianchi, Reyes and Devenin（2020）によれば消費者からの観点で，顧客がＢコープから購入する主な動機は，Ｂコープが持つ社会的および環境的価値であり，Ｂコープは製品・サービスの有効性または環境などへの貢献に対する信頼を提供していると述べている。このようにＢコープ認証の社会的価値によって，Ｂコープ取得は企業のレピュテーションに対してポジティブに結びついていることが確認されている。

(3) Bコープと日本のスタートアップ

前述のように，日本におけるＢコープ認証企業数（2023年２月末）は19社であるが，その中には設立後間もない企業や成長初期段階の企業も存在する。このことはスタートアップからの，もしくはスタートアップ間もない企業がESG経営に取り組む事例が出てきていることを端的に示している。

例えば，㈱泪橋ラボ（2018年認証）は，2015年７月東京・浅草山谷の泪橋（なみだ）付近で設立された。事業は，保健・社会福祉，その他国際協力に関わる非営利活動の調査・計画立案・評価などのコンサルティング業務を行っている。

具体的には，アジア・アフリカの発展途上国・地域における母子保健サービス強化プロジェクトや感染症対策に関する情報収集・確認調査などを手掛けている。同社は社長である国際コンサルタントが設立後間もない2016年にＢコープ認証企業が出たセミナーがあったことを人づてに聞き，Ｂコープの理念に共鳴すると共に，そのような認証制度があるのであれば，スタートアップ間もない企業の経営指針や事業経営に関する参照モデルになるのではないかと思い認証準備を始めた。その過程でＢコープの理念と経営フレームワークを学び，それを実践する中で2018年にＢコープ認証を取得した。

また2022年に認証を取得したファーメンステーション社は，2009年７月東京で創業，その後岩手県奥州市にラボを設立している。事業内容は，アルコール等の化粧品・雑貨・食品向け原料提供/開発，化粧品・雑貨OEM/ODM，未利用資源を活用した事業共創，自社オーガニックブランド事業などを手掛けている。主力商品のライスエタノールは，岩手県奥州市の休耕田を耕して育てた無農薬・無化学肥料米（有機JAS認証）から作られているが，原料について世界的なオーガニック認証であるUSDA認証（2019年）やエコサートCOSMOS認証（2020年）に加えて，経済産業省が推進するスタートアップ企業の育成支援プログラム「J-Startup企業」にも選ばれている。同社は，創業以来「Fermenting a Renewable Society」をパーパスに掲げて，発酵の技術で未利用資源に新たな価値を見出し，それが再生・循環する社会を実現するための事業活動を行っており，その事業活動を経営する基準としてＢコープ認証に出会って，その認証をぜひ取ろうと2021年初頭からＢコープ認証取得に向けた準備をスタートした。審査のプロセスでは，同社の企業組織のガバナンス構造を積極的に整備した。また同社のビジネスモデルである未利用資源のアップサイクルを中心とした環境負荷低減に資する点や環境や地域コミュニティへの積極的な取組みなどが評価された。また，会社としての方針を従業員参加の勉強会を通じて全員参加活動にすることで，社内においてBコープの理解を深め，2022年にＢコープ認証を取得した。

⑷ Bコープの認証経験と経営の変化

鈴木・小澤・大和田（2022）は，これらのBコープ認証を得た日本企業について，質的研究を通じたBコープ認証と経営との関係，認証プロセスでの課題などの分析を行った。インタビュー対象企業は，2021年初頭までにBコープ認証を取得した6社である（**図表10-2**参照）。なおBコープ認定企業はその後新しく8社が新規認定を受けて，合計で14社（2022年9月末）となっている。

対象企業6社を業種的に見ると，製造業が2社，サービス業（造園・土木業，介護福祉業，電気工事業，環境コンサル）が4社であった。従業員規模は，数人から数十人の中小企業が大半で，うち1社はスタートアップして間もない企業（泪橋ラボ）である。分析手法は，グラウンデッド・セオリー・アプローチ（Strauss and Corbin 1998）を用い，経営者自身が持っている経営理念，Bコープとの出会いや関わり，Bコープ認証に関わる経験などについてインタビューし，それを分析の対象とした。

Bコープ認証と経営に関する質的分析から，最上位のドメインとして「申請の契機」「認証による価値経営」「認証プロセスの経営要素」「将来への期待」という4つのドメインが設定された。

① ドメイン「申請の契機」（D1）

ドメイン「申請の契機」の下でのカテゴリ「Bコープとの出会い」（C1）に紐付けされたテーマとしては,「外部からの紹介指導」（T1）と「セミナーでの出会い」（T2）である。Bコープ認証に出会った背景として，専門家（大学の先生）からの紹介やセミナー等に参加することでBコープの存在を知った例が多かった。認証企業が増えてくれば，メディアなどの影響が大きくなると予想される。

図表10-2　Bコープ企業のプロファイル

	事例1	事例2	事例3	事例4	事例5	事例6
社名	株式会社シルクウェーブ産業	石井造園株式会社	フリージア株式会社	日産通信株式会社	株式会社泪橋ラボ	ダノンジャパン株式会社
事業	羽毛・絹製品製造	造園・土木水道施設等工事	介護福祉事業	電気通信工事	コンサルティング事業(国際協力)	乳製品メーカー
代表者	小澤　康男	石井　直樹	五十嵐　由佳	福田　博樹	鶴田　浩史	ローラン・ボワシエ
設立年	2011年	1965年	2006年	2009年	2015年	1992年
本社所在地	群馬県	神奈川県	埼玉県	東京都	東京都	東京都
Bコープ認証取得年	2016年3月	2016年5月	2016年11月	2018年1月	2018年6月	2020年5月
従業員	10人(2021年)	11人(2017年)	18人(2020年)	20人(2017年)	1人(2019年)	374人(2020年)
キッカケ	専門家の紹介	専門家の紹介	米国社会起業プログラムの報告会を聞いて	米国社会起業プログラムに参加	Bコープに関するセミナーに参加して	Danon本社(仏)が2025年までに世界の子会社で認証を取得することを目標に
理念	独自の研究開発などにより，新しいテーマへの取り組みを行い「世界全体の抱える諸問題を解決する」	企業活動を通して，幸せを共有する企業を目指す。	「出来るはずの動作」を「出来る動作に」	■安全優先の組織風土のもと，創意工夫をこらし社会の発展へ貢献する。■お客様に信頼され，成長し続ける企業を目指す。■社員は会社の将来像を共有し，その中で，自らの役割を認識し，会社と共に成長していく。そして，次世代に向けた人材育成・技術力伝承に貢献する。	(ビジョン)どんな人でもほっとできる余白のある会社 (ミッション)社会の枠組みや視点を変えて，人や自然，出来事との関わり方を問いかける	One Planet. One Health(一つの惑星，一つの健康)
Bインパクトスコア	93.9	81.9	81.4	92.5	112.3	85.3
ガバナンス	6.7	11.3	12.2	11.1	7.3	10.5
従業員	26.3	28.8	22.2	31.1	28.8	28.6
コミュニティ	26.7	26.6	22.1	39.1	22.3	17.4
環境	34.1	15.0	5.1	8.1	12.5	24.9
顧客	−	−	19.8	2.8	41.2	3.7

② ドメイン「認証による価値経営」(D2)

第2のドメイン「認証による価値経営」は，Bコープ認証の理念と各企業の経営理念との関係が述べられている。まずカテゴリ1の「経営理念との共通点」(C2) の下のテーマには，「Bコープ理念に共感」(T3) と「経営改善の指針に」(T4) の2つが位置づけられた。各社は最初から明確な経営理念を有しており，経営者は自らの価値観に基づいてBコープの価値観との共通点を見つけ，それに共感していると言える。またスタートアップ間もない企業や個人事業的な小規模会社は経営管理体制が未発達であることが多く，Bコープの概念の枠組みや審査内容がスタートアップ経営の参照モデルとして適していることが分かる。またカテゴリ2の「ステークホルダー価値の重視」(C3) の下には，株主（ガバナンス），従業員，供給者，顧客，社会コミュニティ，環境という6つのステークホルダーに関わる価値観がテーマとしてまとめられた。

③ ドメイン「認証プロセスの経営要素」(D3)

第3のドメイン「認証プロセスの経営要素」には3つのカテゴリ，すなわち「認証への社内対応」(C4)，「認証の負担と効果」(C5)，「申請や審査の問題点」(C6) が整理された。カテゴリ1の「認証への社内対応」(C4) には，テーマとして「社内の組織化」(T11) と「専門家の活用」(T12) の必要性が指摘された。カテゴリ2の「認証の負担と効果」(C5) には，「認証準備の量的負担（−）」(T13) と「認証準備の質的負担（−）」(T14) というマイナス面と，「社内モチベーションの向上（+）」(T15) と「社会認知の向上（+）」(T16) というプラス面でのテーマが挙げられた。さらに，カテゴリ3の「申請や審査の問題点」(C6) には，「認証基準等の問題点」(T17)，「審査過程での課題」(T18)，「日本での低い知名度」(T19) など3つのテーマが浮かび上がってきた。

④　ドメイン「将来への期待」(D4)

最後のドメイン「将来への期待」(D4) の下でのカテゴリ「認証の将来価値」(C7) には，「発信力の向上」(T20)，「経営へのメリット」(T21)，「継続が重要」(T22) などのテーマが言及された。

以上をまとめたものがＢコープ認証のプロセスモデル (**図表10-3**) である。

この認証プロセスモデルにおいて，ドメインレベルの時間軸から見ると，「申請の契機」に始まり，会社の対応としての「認証による価値経営」と「認証プロセスの経営要素」の２つの流れを経て，最終ドメインの「将来への期待」に帰着している。

内容としては，最初のドメイン「申請の契機」のカテゴリ「Ｂコープとの出会い」において，外部からの紹介とセミナーへの参加という２つの出会いが契機になっている。その後の認証対応のプロセスでは，「認証による価値経営」と「認証プロセスの経営要素」という２つのグループが確認された。前者の「認証による価値経営」は，各社固有の経営理念とＢコープ理念との間に共通点が見出されたこと，ステークホルダー価値と経営理念との間にも影響が確認されたこと，さらに２つのカテゴリ間にも相互作用が存在することが示唆された。後者の「認証プロセスの経営要素」では，社内の申請準備活動やＢコープのメリット・問題などが整理される一方で，実際にやってみると経営的な負担と効果や，申請や審査における問題点や課題を体験した。その結果として，第４のドメイン「将来への期待」につながっている。つまり，日本のＢコープ企業は，Ｂコープ自体の知名度の低さにも関わらず，発信力や経営への将来的メリットへの期待を失わず，継続を重視していることが確認された。

図表10-3　Bコープ認証のプロセスモデル

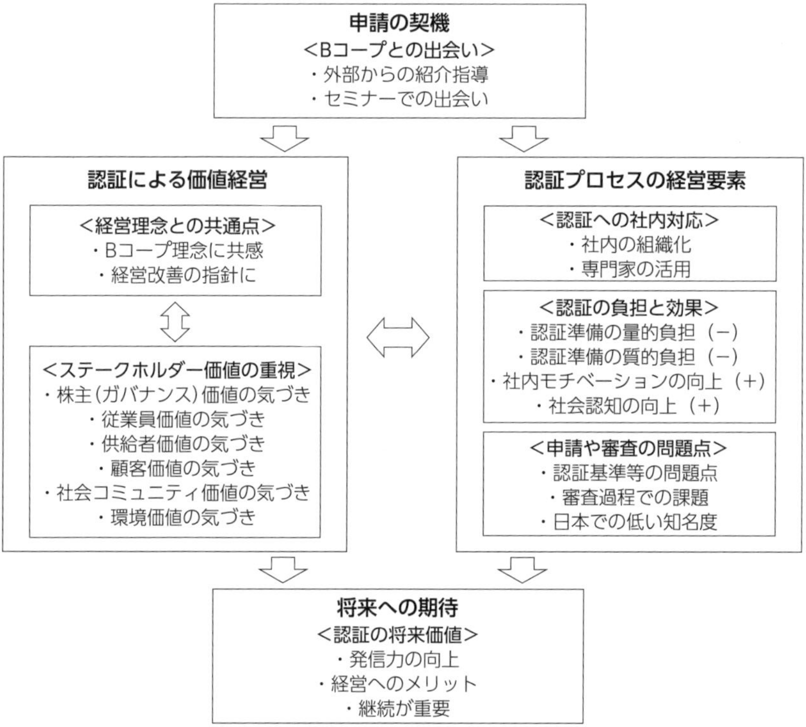

申請の契機
＜Bコープとの出会い＞
・外部からの紹介指導
・セミナーでの出会い

認証による価値経営

＜経営理念との共通点＞
・Bコープ理念に共感
・経営改善の指針に

＜ステークホルダー価値の重視＞
・株主(ガバナンス)価値の気づき
・従業員価値の気づき
・供給者価値の気づき
・顧客価値の気づき
・社会コミュニティ価値の気づき
・環境価値の気づき

認証プロセスの経営要素

＜認証への社内対応＞
・社内の組織化
・専門家の活用

＜認証の負担と効果＞
・認証準備の量的負担（−）
・認証準備の質的負担（−）
・社内モチベーションの向上（+）
・社会認知の向上（+）

＜申請や審査の問題点＞
・認証基準等の問題点
・審査過程での課題
・日本での低い知名度

将来への期待
＜認証の将来価値＞
・発信力の向上
・経営へのメリット
・継続が重要

3　課題と提言

最後に，先行研究やBコープ企業の認証プロセスの質的研究から示唆されるスタートアップからのESG経営の課題と提言を明らかにしたい。

まず先行研究にあるように，米国ではBコープを取得することでプロソーシャルなグループとしてのグループアイデンティティが強化され，それが業績にも関係することが前提となっているが，日本の場合にはＢコープ認証やベンチャー企業のESG経営そのものが十分に理解されておらず，Ｂコープ認証を取得しても営業面でのメリットもあまりないことから，スタートアップにおけるESG経営の評価そのものが不十分であるのが現状である。今後一層のESG経営支援に力を入れることで，Ｂコープ企業も徐々に増えて知名度が高まり，スタートアップからのESG経営に対する理解は進むと考えられる。

なお，鈴木（2023）によれば，岸田首相の「新しい資本主義」政策として「パブリック・ベネフィット・コーポレーション」（PBC）が検討されている。ESGの観点としては新しい法人形態が生まれることは望ましいものの，具体的な運営のあり方については様々な課題が指摘されている。

以上より，起業家並びに政府に対して以下を提言する。

「起業家はスタートアップ段階から，その経営レベルを高めることは当然であるが，ESG経営の実践を通じて他のステークホルダーからの信頼獲得や外部からの資金調達に有利であることを視野に入れて，意欲を持ってESG経営に取り組むべきである。また政策的には，中小企業救済的な施策のみならず，ESG実現に向け自助努力するスタートアップ企業に対してより具体的な支援体制を整備すべきである。」

参考文献

Amel-Zadeh, A., and Serafeim, G.（2017）Why and How Investors Use ESG Information: Evidence from a Global Survey. *Harvard Business School Working Paper*, No. 17-079, February 2017.

Bianchi, C., Reyes, V., and Devenin, V.（2020）Consumer motivations to purchase from benefit corporations（*B Corps*）, *Corporate Social Responsibility and Environmental Management*, 27（３）, 1445-1453.

Botsari, A. and Lang, F.（2020）ESG considerations in venture capital and business angel investment decisions: Evidence from two pan-European surveys, *EIF Working Paper*, No. 2020/63, European Investment Fund（EIF）, Luxembourg, https://www.eif.org/news_centre/publications/EIF_Working_Paper_2020_63.htm

Chen, X, and Kelly, T.F. (2015) B-Corps――A growing form of social enterprise: Tracing their progress and assessing their performance *Journal of Leadership and Organizational Studies*, 22, 102–114.

Gamble, E., Caton, G., Aujogue, K., and Lee, Y.T. (2020) Problems with crisis intervention: When the government wants to restrain big banks but punishes small businesses instead, *Journal of Business Venturing Insights*, 14, 1–9.

Honeyman, R. and Jana, T. (2019) *The B Corp Handbook Second Edition: how you can use business as a force for good*. Oakland: Berrett-Koehler Publishers.

Jones, G. (2021) B Corps: Can It Remake Capitalism in Japan? *Keizaikei* [*Kanto Gakuin Journal of Economics and Management*], 284, 1–12.

Kim, S., Karlesky, M.J., Myers C.G., and Schifeling, T. (2016) Why Companies Are Becoming B Corporations, *Harvard Business Review*, JUNE 17, 2016, 1–5.

Paelman, V., Cauwenberge, P., and Bauwhede, H.V. (2020) Effect of B Corp Certification on Short-Term Growth: European Evidence, *Sustainability*, 12 (20), 8459, 1–18.

Romi, A., Cook, K.A., and Dixon-Fowler, H.R. (2018) The influence of social responsibility on employee productivity and sales growth: Evidence from certified B corps, *Sustainability Accounting, Management and Policy Journal*, 9, 392–421.

篠原欣貴・鈴木勘一郎・加藤康之（2022）「ステークホルダー・アプローチに基づく企業の非財務業績評価と業種別分析」『ディスクロージャー&IR』11月近刊，ディスクロージャー＆IR総合研究所

Strauss, A.L., and Corbin, J.M. (1998) *Basics of Qualitative Research: Techniques and Procedures for Developing Grounded Theory*, Los Angeles: Sage Publications, Inc.

鈴木勘一郎（2023）「ESG経営を目指すBコープの社会的意義と動向」『証券アナリストジャーナル』2023. 4 pp.54–63.

鈴木勘一郎・小澤朋之・大和田誠太郎（2022）「日本におけるＢコープ認証の意義と課題―質的研究によるＢコープ認証プロセスの仮説モデル」『Venture Review』No.40 September pp.97–111.

「あとがき」に代えて：
イノベーションに関与したい方々と共に学ぶ喜び

松田修一（早稲田大学名誉教授，商学博士）

1966年会計士補，1969年に公認会計士になり，博士後期課程にいながら上場会社の監査等をしていた。石油ショック直後の異常な高物価上昇中の1973年から監査法人サンワ事務所（現トーマツ）に入所した。直後から銀行に見放された戦後の新興企業である「ベンチャー企業の調査支援」を中心に，九州・大阪の転勤も経て，東京勤務後「日本合同ファイナンス（現JAFCO）の監査」，さらに企業内研修を行ってきた。1985年「独立第三者による経営監査の研究」で商学学位を授与され，翌年1986年から，早稲田大学アジア太平洋研究センターの助教授に就任した。早いもので，50有余年が過ぎた。1998年から博士後期課程を受け持った。学位取得のために共に学んだ方々とともに，現在持っている経営課題を纏めたのが本書である。

1．早稲田大学ビジネススクールの基盤

所属した早稲田大学アジア太平洋研究センターは，1956年に「早稲田大学生産研究所」として開設され，生産システムのコンサルティング能力を活かして，モノづくり系を中心とした幹部の人材育成を開始した。名称を「早稲田大学システム科学研究所」に改組し，１年制のノンディグリーの「早稲田大学ビジネススクール」を開講し，26年間にわたり上場会社の社長を含む多くの幹部をここから輩出した。

その後，1997年早稲田大学社会科学研究所と早稲田大学システム科学研究所が統合し，「早稲田大学アジア太平洋研究センター」が開設し，1998年より，国際関係学専攻と，国際経営学専攻の２つの専攻科を持つ「早稲田大学大学院アジア太平洋研究科」が発足した。国際経営学専攻は，ディグリーを

出すMBA（修士課程）が発足すると同時に，早稲田大学システム科学研究所時代からの教授の方々とPh.D.を取得した方々が博士課程を持つことになった。2006年に早稲田大学ビジネススクールを引継ぎながら国際経営学専攻は商学研究科に移行した。早稲田大学大学院商学研究科では，通常の早稲田大学大学院商学研究科と早稲田大学大学院経営管理研究科（早稲田大学ビジネススクール）がスタートした。2004年早稲田大学大学院ファイナンス研究科が開設されたが，2015年に早稲田大学大学院経営管理研究科に統合となった。

2．博士学位をとるキッカケと徹底したベンチャーシフトへ

早稲田大学商学部から，1976年，Ph.D.制度が始まったとの連絡を受けとった。公認会計士の仕事をしながらでも可能性があると考え，Ph.D.取得を目指した。公認会計士協会の論文集への投稿も含め多くの方々の協力を得ながら，1983年に論文の提出をした。しかし，早稲田大学商学部では大学教員でない者にPh.D.を出していないので，一度出版物を出して再提出して下さいと，主査をお願いしていた青木茂男教授から言われた。その後，追加的データも加えて1985年再提出した。Ph.D.ではなく，商学博士の審査であったが，お陰様で無事博士学位を取得することができた。

早稲田大学ビジネススクールの教員となって５年目から１年の留学が可能であったが，６か月に短縮し，1989年末からボストンマラソン出場も兼ねて，ボストン大学に客員教授として留学した。まず，ペンシルベニア大学ウォートン校のイアン・マクミラン教授にお会いし，米国で誰に会うべきかの紹介を受け，MITやハーバード大に伺い，意見交換した。ここで研究者の多くから，「なぜ日本の大学の多くの教授は博士学位をもっていないのか」という問いがあった。大学人であれ，実務界であれ，知的職業に従事する者は，Ph.D.の取得が最低限の条件であることを暗に感じた。

さて，1987年から新規に上場したIPO企業の特異な経営スタイルを調査す

る「企業経営研究会」を10社の協力を得てスタートし，調査報告をベースに共に勉強をしていた。この研究会での学びや企業内研修を踏まえて，ボストン留学の６か月間の主たる目的は，次の２つであった。

① バブルピーク時の酔っていた日本の大企業が，将来の高齢化する社会の救世主になれるか
② 米国のベンチャーの調査と日本の経営スタイルの違い

特に，当時米国進出の大企業の95％が赤字で苦戦していることが判明し，15社の経営トップへのインタビューでもほとんどの企業が赤字であった。まだ，トヨタ自動車が，独自の製造拠点として米国進出していない時代である。1991年から日本の大混乱が始まった「失われた30年」のスタート時を，米国で確認したことになる。

1973年以降実務として戦後日本のベンチャー企業の支援をしていたが，米国やアジアでの頼りにならない既存の大企業の体質と業績から，高齢化社会を支えるには，ベンチャー企業の将来に掛けるしかないという想いが募り，1993年に早稲田大学アントレプレヌール研究会（WERU）を，証券・銀行・企業の新規事業に関心のある方々と共にスタートした。この延長線上に，1997年清成忠男先生はじめ多大な協力を得て設立されたのが日本ベンチャー学会である。

３．イノベーションに関与したい方々とともに学ぶ喜び

早稲田大学ビジネススクールには，1986年からのノンディグリー時代と1998年からのディグリー時代（修士課程）との両方を体験した。ともに20代後半から30歳前後の若い世代の育成で，ビジネスの登竜門としてのMBAがすでに定着しつつあった。

さて，欧米のベンチャーのトップジャーナルの編集者を務める研究者は，教授・コンサルタント・投資家を兼務し，実践教育を教育に活かす方ばかり

であった。当時とすれば変な奴と思われていた松田も同じであると納得した。自らの学びを実践に移すためにWERU会員メンバーから出資を募り，1998年大学を源流とした「早稲田の杜から起業家の輩出を」というベンチャーキャピタル（VC），ウエルインベストメント㈱（初代代表取締役浅井武夫氏，現在瀧口匡氏）を設立した。

1998年から「早稲田大学大学院アジア太平洋研究科」の発足とともに，多様な経験を既に持っている年齢的にはMBA学生とは一回り以上の40歳台の専門職業の方々と「ともに学ぶ」ために，博士学位後期課程を持った。彼ら・彼女らのバックグラウンドは，大学教員や研究者，金融関連専門家，コンサルタント，弁理士等多様な方々で，「日本のイノベーションに関与したい」という共通の想いで集まっていた。調査で毎週喧々諤々の議論を交わし，Ph.D.取得にいたった。

現在ほとんどの方々が60歳を超え，日本の中核を担う日本の第一線で活躍している。特にイノベーションの加速には，これを推進する人材育成が不可欠である。世界に通用する知識産業に関与するには，最低でも博士学位を持つことが不可欠であるという想いであったが，ほとんどが大学教員になり，人材育成の実践的研究者になっている。

ここで執筆していただいた方々及び仕事の都合で参加されなかった方々とともに，「ともに学ぶ機会」を与えていただいたことを，心からお礼したい。

また，松田が初めて単著で出版したと同じ株式会社中央経済社に本書出版を引き受けていただき，学術書編集部編集長納見伸之氏のもと丁寧な指導をいただいた。同時に短期間に出版の取りまとめでご足労いただいた長谷川博和先生とは，公認会計士協会の会計士補研修の教官として，1979年に出会い，長いご縁に重ねて感謝したい。

追記：

松田ゼミで博士学位を取得した方々

大木裕子，佐藤 芹香，下村 博史，野長瀬裕二，平松 庸一，尾崎 弘之，高橋 義仁，船橋 仁，増田 一之，宮地 正人，松尾 尚，長谷川博和，瀧口 匡，可部 明克，鈴木勘一郎，佐藤 辰彦，石井 芳明

■執筆者紹介（執筆順）

松田　修一（まつだ　しゅういち）　**第1章**

編著者紹介参照

石井　芳明（いしい　よしあき）　**第2章**

経済産業省経済産業政策局新規事業創造推進室室長，学術博士（早稲田大学）。
経済産業省にてベンチャー政策，中小企業政策などに従事。LLC/LLP法制，日本スタートアップ大賞，始動Next Innovator，J-Startupなど，各種プログラムの創設と実施を担当。2018年から3年間，内閣府にてスタートアップ・エコシステム形成，SBIR制度改正，オープンイノベーションの推進。2021年より現職。

大木　裕子（おおき　ゆうこ）　**第3章**

共立女子大学ビジネス学部教授，学術博士（早稲田大学）。
東京藝術大学音楽学部卒業後，東京シティ・フィルハーモニック管弦楽団ヴィオラ奏者，昭和音楽大学，京都産業大学経営学部，東洋大学ライフデザイン学部での教職を経て現職。早稲田大学客員教授。主著に『オーケストラの経営学』（東洋経済新報社），『クレモナのヴァイオリン工房』『産業クラスターのダイナミズム』（いずれも文眞堂）など。専門はアートマネジメント，組織論。

佐藤　辰彦（さとう　たつひこ）　**第4章**

創成国際特許事務所会長，弁理士，学術博士（早稲田大学）。
日本弁理士会会長，内閣府知的財産戦略本部有識者本部員，弁理士試験委員，産業構造審議会委員などを歴任。元早稲田大学大学院客員教授。現東日本国際大学客員教授。日本ベンチャー学会理事。主著に『発明の保護と市場優位―プロパテントからプロイノベーションへ』（白桃書房），『知財ノート―四〇年の流れの中で』『世界を変える　知財力』（いずれも新潮社）など。

尾崎　弘之（おざき　ひろゆき）　**第5章**

神戸大学大学院科学技術イノベーション研究科教授（経営学研究科教授兼任），学術博士（早稲田大学）。
野村證券，ゴールドマン・サックスなど投資銀行勤務後，技術系スタートアップ経営に携わる。東京工科大学教授を経て2015年より現職。元南洋理工大学（シンガポール）客員教授。核融合エネルギー，大学発スタートアップ支援などの政府委員を務める。主著に『プランBの教科書』（集英社インターナショナル），『新たなる覇者の条件：なぜ日本企業にオープンイノベーションが必要なのか』（日経BP）など。

長谷川　博和（はせがわ　ひろかず）　**第6章**
編著者紹介参照

宮地　正人（みやち　まさと）　**第7章**
モルガン・スタンレー取締役，モルガン・スタンレーMUFG証券会長，学術博士（早稲田大学）。
三菱UFJ銀行欧州本部長，国際部門共同部門長，MUFGユニオン・バンク取締役会議長，三菱UFJ銀行副頭取などを歴任。東京大学（経済学部），スタンフォード大学経営大学院。モルガン・スタンレー出資（2008），ロイヤルバンク・オブ・スコットランドのプロジェクトファイナンス事業買収（2010）タイのアユタヤ銀行買収（2013）を陣頭指揮するなど，今日のMUFG海外事業の礎を築く。

野長瀬　裕二（のながせ　ゆうじ）　**第8章**
摂南大学経済学部教授，同地域総合研究所所長，学術博士（早稲田大学）。
一般社団法人首都圏産業活性化協会（TAMA協会）会長。埼玉大学地域共同研究センター助教授，山形大学大学院理工学研究科教授などを経て現職。主著に『地域産業の活性化戦略：イノベーター集積の経済性を求めて』（学文社）。日本ベンチャー学会松田修一賞，日本新事業創出大賞最優秀賞・経済産業大臣賞などを受賞

増田　一之（ますだ　かずゆき）　**第9章**
株式会社ブロックチェーンハブ会長，学術博士（早稲田大学）
技術系会社12社及び非営利３社の創業者。現慶應義塾大学SFC研究所上席所員，元日本興業銀行部長，山形大学客員教授，早稲田大学講師，明治大学講師などを歴任。慶應義塾大学（メディアデザイン学修士），Wharton School（MBA），京都大学（経済学部），東京大学（EMP）。主著に『ハイテクベンチャーと創業支援型キャピタル』（学文社），『新事業企画・起業のための実践ブロックチェーン・ビジネス』（日本能率協会マネジメントセンター）など。

鈴木　勘一郎（すずき　かんいちろう）　**第10章**
株式会社GNIグループ取締役執行役CFO, 学術博士（早稲田大学）。
立命館アジア太平洋大学（APU）名誉教授, 株式会社エコリング顧問。早稲田大学政治経済学部卒業後, 野村総合研究所入社。米国州立ノースカロライナ大チャペルヒル校MBA。米国スタンフォード大学フーバー研究所客員研究員。その後Gene Networks, Inc.（現東証GNIグループ）を創業し社長, APU国際経営学部教授などを歴任。主著に『組織IQ戦略』（野村総合研究所広報部），『経営変革と組織ダイナミズム―組織アライメントの研究』（早稲田大学出版部），『ESG投資の研究―理論と実践の最前線』（共著，一灯舎）など。

■編著者紹介

松田　修一（まつだ　しゅういち）
早稲田大学名誉教授，商学博士（早稲田大学）。
1973年監査法人サンワ事務所（現監査法人トーマツ）に入所し，中堅・ベンチャービジネスの経営支援，上場準備会社監査，企業内研修等に従事。その後，博士学位取得後，1986年より早稲田大学で助教授，91年教授となる。2012年早期退職。2021年公認会計士登録抹消。
一貫して日本のイノベーションや技術ベンチャーの支援・制度変革に関与。ウエルインベストメント株式会社取締役ファウンダー，株式会社コメリ社外取締役，株式会社ミロク情報サービス社外取締役に現在関与し，その他多くの取締役や監査役を歴任した。また，日本ベンチャー学会顧問（元会長），証券リサーチセンター代表理事会長，日本ニュービジネス協議会連合会副会長に就任している。その他経済産業省・文部科学省・総務省・財務省および関連機構などの審議会・委員会委員，各種顕彰制度審査委員を務めた。
主著に，『経営監査の理論と実務』（中央経済社），『起業論―アントレプレナーの資質・知識・戦略』『ベンチャー企業』『会社の読み方入門』（いずれも日本経済新聞出版）など。

長谷川　博和（はせがわ　ひろかず）
早稲田大学大学院経営管理研究科（ビジネススクール）教授，学術博士（早稲田大学）。
野村総合研究所で自動車分野の証券アナリスト，JAFCOを経て，独立系ベンチャーキャピタルの草分けであるグローバルベンチャーキャピタルを1996年に創業し，社長，会長（投資先上場企業としてインターネット総合研究所，スカイマークエアラインズ，オイシックス，ジャパン・ティッシュエンジニアリング，HOKU Science（NASDAQ）など多数。運用してきたファンドのパフォーマンスは日本トップクラス）を歴任。京都大学大学院MBA非常勤講師，青山学院大学MBA特任教授を経て，2012 年から早稲田大学ビジネススクール教授に就任。公認会計士，日本証券アナリスト協会検定会員，経済産業省経済大臣有識者会議委員，委員会委員長・座長，総務省委員会委員長，日本ベンチャー学会副会長，日本ファミリービジネス学会理事などを歴任。
www.wbs-entre.com
主著に，『ミドルからの変革』（共著，プレジデント社），『ベンチャー経営論（はじめての経営学）』（東洋経済新報社），『ベンチャーマネジメント［事業創造］入門』（日本経済新聞出版）など。

スタートアップ創出　10の提言

2023年６月20日　第１版第１刷発行

編著者　松田修一
　　　　長谷川博和
発行者　山本継
発行所　㈱中央経済社
発売元　㈱中央経済グループパブリッシング
〒101-0051　東京都千代田区神田神保町１-35
電話　03（3293）3371（編集代表）
　　　03（3293）3381（営業代表）
https://www.chuokeizai.co.jp
印刷／㈱堀内印刷所
製本／㈲井上製本所

ISBN978-4-502-46051-7　C3034